hanserblau

JJ Bola hat ein Standardwerk zum Thema Männlichkeit verfasst – der Bestseller jetzt erstmalig im Taschenbuch.

»Was bedeuten unsere Auffassungen von Männlichkeit und die kulturellen Normen, in die sie eingebettet sind, für Jungs, die in der heutigen Zeit zu Männern heranwachsen? Es gibt viele wichtige Fragen, die wir uns zum Thema Männlichkeit und Männer in der heutigen Zeit stellen müssen. Warum tauchen überwiegend Männer in der Statistik von Gewaltverbrechen auf, insbesondere bei sexueller Gewalt, von Belästigung bis zu Vergewaltigung? Warum ist Suizid die häufigste Todesursache von Männern unter fünfunddreißig – häufiger als Krankheiten oder Unfälle? Was können wir tun, um all das zu ändern?«

Der Autor und Aktivist JJ Bola zeigt, dass die starren Vorstellungen davon, was und wie ein Mann zu sein hat, viele einengen. Er plädiert dafür, dass die strenge binäre Geschlechterordnung, wie sie in westlichen Ländern üblich ist, aufgeweicht wird. Damit auch Männer alles sein dürfen, denn davon profitieren am Ende auch die Frauen.

JJ BOLA

SEI KEIN MANN

WARUM MÄNNLICHKEIT EIN ALBTRAUM FÜR JUNGS IST

Aus dem Englischen von
Malcolm Ohanwe

hanserblau

Die englische Originalausgabe erschien 2019 unter dem Titel
Mask Off: Masculinity Redefined bei Pluto Press in London.

Ungekürzte Taschenbuchausgabe
3. Auflage 2024
Veröffentlicht bei hanserblau
in der Carl Hanser Verlag GmbH & Co. KG, München
Copyright © 2019 JJ Bola
Alle Rechte der deutschsprachigen Ausgabe:
© 2020 hanserblau in der Carl Hanser Verlag GmbH & Co. KG, München
Umschlag: ZERO Werbeagentur, München
nach einem Entwurf von ZERO Werbeagentur, München
Foto: © Tunde Somoye @ B1_Creates
Satz: Greiner & Reichel, Köln
Druck und Bindung: GGP Media GmbH, Pößneck
Printed in Germany
ISBN 978-3-446-27283-5

SEI KEIN MANN

INHALT

DANKSAGUNG

Dank an die Society of Authors für das Stipendium zum Schreiben dieses Buches. Mehr Informationen dazu gibt es unter folgendem Link: www.societyofauthors.org

Dank auch an den 8 club vom Young Vic Theatre – die Quelle für all die Zitate, die ich im Laufe des Buches verwendet habe. Mehr Informationen dazu gibt es unter: www.youtube.com/user/ YoungVicLondon

MASK OFF:

MANN SEIN

An einem sonnigen Samstagnachmittag in meiner Jugendzeit, bevor es Touchscreens, Selfies und 4G gab, bevor die sozialen Medien jeden Aspekt unseres Daseins durchdrungen hatten, lief ich durch die pulsierende, oft turbulente, multikulturelle, dynamische Tottenham High Road im Norden Londons. Ich war mit einer großen Gruppe von etwa zehn meiner »Onkel« unterwegs. Sie waren nicht wirklich meine Onkel. Sie waren keine Blutsverwandten, sondern die Männer der kongolesischen Gemeinschaft, in der ich aufgewachsen war. Als Teil einer Kirchengruppe organisierten sie samstags Aktivitäten für junge Leute in der Community, es gab ein Blasensemble und andere kulturelle Initiativen.

Nachdem ich an einer dieser Samstagsveranstaltungen teilgenommen hatte, war ich zum Essen bei einem Onkel eingeladen worden, der ganz in der Nähe der Hauptstraße wohnte. Ich war ganz außer mir vor Freude. Ein unerwartetes Festmahl aus *Pondu, Makemba, Mikate* und *Ntaba* (Eintopf, Kochbanane, Teigbällchen, auch als Puff Puff bekannt, und gegrillter Ziege) erwartete mich – was für eine Ehre. Wir gingen die Hauptstraße entlang zu seinem Haus und unterhielten uns angeregt. Mit meiner Trainingshose, meinem Hoodie und den Nike Air Force 1 war ich ganz offensichtlich der einzige Jugendliche in der Gruppe. Die anderen waren in der einzigartigen Mode kongolesischer Männer gekleidet: Jeans mit hoher Taille, farbenfrohe T-Shirts, die eng an ihren unsportlichen, bierbäuchigen Körpern lagen, Designermarken und exzentrische Designs.

Während wir die Straße entlangliefen, fühlte ich mich mit einem Mal sehr befangen und wurde mir der Gruppe, mit der ich unterwegs war, immer bewusster. Obwohl mir Tottenham sehr vertraut war – als Jugendlicher verbrachte ich sehr viel Zeit dort und war oft auf ebenjenen Straßen unterwegs, wenn auch mit einer komplett anderen Gruppe und zu einem anderen Zweck –, fühlte ich mich befangen, weil wir sehr viel Aufmerksamkeit auf uns zogen, nicht nur als große Gruppe, sondern als eine große Gruppe exzentrisch gekleideter Männer afrikanischer Herkunft, die sich lauthals auf Lingala unterhielten. Ich sah auch viele andere Jugendliche. Schon von Weitem fingen einige an zu starren, auf uns zu zeigen und sogar zu lachen. Ich war mir sicher, dass manche von ihnen mich erkannten, weshalb ich mich zu verstecken versuchte, indem ich meine Kapuze aufsetzte. Im Nachhinein betrachtet, hatte das wahrscheinlich sogar den gegenteiligen Effekt.

Wir bahnten uns weiterhin als Gruppe den Weg, jeweils zu zweit oder zu dritt, vertieft in unsere Gespräche. Ich ging mit meinem Onkel an der Hand. In der kongolesischen/frankofonen afrikanischen Kultur ist das völlig normal und, wie ich später erfuhr, in vielen anderen Kulturen der Welt auch. Es bietet Männern die Möglichkeit, sich miteinander verbunden zu fühlen und einander Affinität und Zuneigung zu zeigen. Das ist die Kultur, in der ich aufgewachsen war. Ich hatte meinen Vater oft Hand in Hand mit anderen Männern aus unserer Gemeinschaft gesehen, wenn sie sich miteinander unterhielten oder spazieren gingen. Es war normal, und in solchen Situationen machte ich mir keine weiteren Gedanken darüber. Außerhalb der kulturellen Normen dieser Gruppe nahm es jedoch eine befremdliche und peinliche Qualität an.

Zu meiner großen Erleichterung bogen wir von der Hauptstraße ab und liefen in Richtung der Wohnsiedlung, in der der Onkel wohnte, bei dem wir eingeladen waren. Ich war schon viele Male bei ihm zu Hause gewesen. Am liebsten wäre ich allein vor den Onkeln dorthin gelaufen und hätte auf sie gewartet, aber dann würde die Last, ihnen dieses Verhalten erklären zu müssen, deutlich länger anhalten, als ich es wollte oder brauchte.

Ich atmete jetzt wieder ein bisschen entspannter und freier, obwohl ich immer noch Hand in Hand mit meinem Onkel ging. Wir befanden uns nicht mehr im direkten Blickfeld all dieser Leute auf der Straße, insbesondere der Jugendlichen. Als wir die Siedlung, in der mein Onkel lebte, beschwingt und ausgelassen betraten, bemerkte uns eine Gruppe von Jugendlichen, die in der Siedlung abhingen. Sie beobachteten uns; ihre Blicke konzentrierten sich auf mich und den Onkel, mit dem ich Hand in Hand ging. Ich konnte eine Reihe von negativen Gesichtsausdrücken, von Verwirrung bis hin zu Ekel, in ihren Gesichtern ablesen.

Ich hatte diese Jugendlichen schon mal in der Siedlung gesehen. Manchmal hatte ich ihnen sogar kaum merklich zugenickt, eine Art des Grüßens, die bei uns mit Respekt und Anerkennung einhergeht. In dieser Wohnsiedlung – in jeder Großwohnsiedlung, jedem sozialen Brennpunkt, jeder *Hood*, jedem Ghetto, jedem *Ends*, jedem Slum, wie auch immer der Name lauten mag – hängt Respekt davon ab, wie stark du bist, oder zumindest, als wie stark du wahrgenommen wirst. Ich hatte lange genug bei diesem Spielchen mitgemacht, um respektiert zu werden. Ich war groß und sah sportlich aus. Dank früher Bekanntschaft mit Liegestützen und Gewichten wirkte ich gerade einschüchternd genug. All der Respekt, den ich mir verdient hatte, löste sich blitzschnell vor meinen Augen in Luft auf, als man mich Hand in Hand mit einem Mann spazieren gehen sah.

Ich wollte meine Kapuze wieder aufsetzen und mein Gesicht verstecken, aber es war zu spät, ich war bereits gesehen worden. Ich löste meine Hand schnell aus der meines Onkels und tat so, als ob ich etwas in meiner Tasche suchte, was ihn nicht sonderlich zu stören schien; ein weiterer vergeblicher Akt.

»Yo, Großer?«, hörte ich eine Stimme rufen. Ich wusste, er sprach mit mir und mit niemandem sonst. Ich sah hinüber. Seine Augen durchbohrten meine Brust. Ich fühlte meine Beine zittern, als würden meine Knie bei jedem Schritt nachgeben. Er hatte seine Kapuze auf und trug den grauen Nike-Trainingsanzug und Hoodie, um den ihn alle beneideten.

»Na, biste am Händchenhalten?«, sagte er, und die Crew um ihn herum kicherte und brach dann in schallendes Gelächter aus. Ich kann mich noch an den Schmerz erinnern, an den Stich ins Herz. Ein ähnliches Gefühl, wie wenn scharfes Essen sich von gut schmeckend in nicht mehr auszuhalten verwandelt und du dir wünschst, alles würde sich wieder beruhigen.

»Nein«, antwortete ich in einem Ton, der zeigte, dass ich verärgert war über so eine Andeutung.

»*Alobi nini?*« Mein Onkel, der sich über die ganze Aufregung wunderte, fragte mich, was der Typ gesagt hatte.

»Nichts«, antwortete ich verächtlich, »er hat nach der Uhrzeit gefragt.«

●●●

Diese Erfahrung war eine von vielen, die ich als Heranwachsender gemacht habe, die mich dazu führten, meine Männlichkeit anzuzweifeln und mir Gedanken über die Frage zu machen, die wir nicht stellen sollen: Was bedeutet es eigentlich, ein Mann zu sein? Wie konnte es sein, dass es in einem Teil der Welt völlig normal war, wenn zwei Männer sich an den Händen hielten, während die Menschen in einem anderen Teil der Welt stehen blieben und starrten? Ich dachte über die Emotionen und Gefühle von Männern nach, oder genauer gesagt, deren Abwesenheit. Ich war ein ziemlich emotionaler Junge. Ich weinte, wenn ich traurig oder aufgewühlt war; ich weinte, wenn ich glücklich war; ich weinte vor Wut. Ich verlieh meinen Gefühlen Ausdruck, unabhängig davon, ob es sich um Traurigkeit oder Fröhlichkeit handelte. Aber als ich älter wurde, änderte sich das langsam. Ich wurde abgeklärter, beherrschter, distanzierter; ich war niemandem gegenüber ehrlich, was meine wahren Gefühle betraf, manchmal nicht einmal mir selbst. In mir tobte ein vernichtender Ärger oder Zorn, den ich tarnte: als Aggressionsproblem, eine kurze Zündschnur oder die Unfähigkeit, mein Temperament im Zaum zu halten.

Was bedeuten unsere Auffassungen von Männlichkeit und die kulturellen Normen, in die sie eingebettet sind, für Jungs, die in der heutigen Zeit zu Männern heranwachsen? Was bedeuten sie für junge und ältere Männer, die in einer Gesellschaft leben, die sie dazu ermutigt, an der Wut festzuhalten, die das Leben von Frauen wie auch das Leben vieler Männer zerstört? Es gibt viele wichtige Fragen, die wir uns zum Thema Männlichkeit und Männer in der heutigen Zeit stellen müssen. Warum tauchen überwiegend Männer in der Statistik von Gewaltverbrechen auf, insbesondere bei sexueller Gewalt, von Belästigung bis zu Vergewaltigung? Warum ist Suizid die häufigste Todesursache von Männern unter fünfundvierzig – häufiger als Krankheiten oder Unfälle? Was können wir tun, um all das zu ändern?

Um ein tieferes Verständnis für unsere Vorstellungen von Mannsein und Männlichkeit zu erlangen, müssen wir das Patriarchat verstehen, jene Ideologie und hierarchische Struktur, die Männer in eine vorteilhafte Position gegenüber Frauen versetzt und ihnen

Macht, Privilegien, Ansprüche und Zugang zu Ressourcen in verschiedenen Bereichen und Kontexten gewährt: von der Familie bis hin zu Wirtschaft und Arbeitsplatz schreibt sie Männern und Frauen ihre Rollen zu und diktiert ihre materiellen Realitäten. Die Erwartung, dass Frauen kochen und putzen sollten, während Männer die Hauptverdiener sind, mag zwar keine so große Bedeutung mehr haben wie vor fünfzig Jahren. Aber heißt das, dass wir in einer gleichberechtigten Gesellschaft leben? Es lässt sich argumentieren, dass Frauen von solchen strengen Zuschreibungen befreit sind. Oberflächlich betrachtet ist das Bild der Hausfrau nicht mehr ganz so verbreitet, aber wenn Frauen für die gleiche Arbeit immer noch schlechter bezahlt werden als Männer, was sagt uns das darüber, wie weit wir gekommen sind? Wie ich im Verlauf des Buches erörtern werde, zieht sich das Patriarchat wie ein roter Faden durch die Familie, das Bildungssystem und die Mainstream-Medien. Es wirkt sich auf die Aneignung von Verhaltensweisen, Einstellungen und Handlungen von Männern aus und schreibt ihnen vor, wie sie in allen Aspekten ihres Lebens handeln, fühlen und sich verhalten sollen, insbesondere in Bezug auf Frauen und andere Männer.

Das Patriarchat beeinflusst das Leben von Männern und Frauen von der Geburt über die Kindheit bis ins Erwachsenenalter und darüber hinaus, und zwar auf teils scheinbar einfache Art und Weise, wie die Farben, die sie tragen sollten, Blau für Jungs, Rosa für Mädchen, und die Art der Kleidung, die sie anziehen, oder das Spielzeug, mit dem sie spielen sollten. All diese Dinge haben einen erheblichen Einfluss darauf, wie Männlichkeit in der Gesellschaft gesehen wird und wie Männer und Frauen miteinander umgehen. In einer patriarchalen Gesellschaft sitzen Männer sowohl auf öffentlicher Ebene an den Hebeln der Macht, zum Beispiel in Regierung und Politik, Wirtschaft und Unternehmen, Bildung und Arbeitsmarkt und Religion, als auch auf privater und zwischenmenschlicher Ebene, im Haushalt, in Beziehungen und auch in Freundschaften. Das Patriarchat schützt und priorisiert die Rechte von Männern gegenüber den Rechten der Frauen.

Das Patriarchat ist kein Begriff oder System, das vielen Menschen außerhalb akademischer Kreise, Klassenzimmern oder Lehrbüchern geläufig ist. Er wird auch nicht häufig verwendet, schon gar nicht in Alltagsgesprächen, obwohl der Feminismus-Diskurs in den letzten Jahren in den Mittelpunkt gerückt ist und der Begriff dadurch an Bekanntheit gewonnen hat. Trotzdem ist es nicht schwierig, den Leuten das Konzept im Laufe eines Gesprächs verständlich zu machen, auch wenn sie noch nie davon gehört haben, weil es sich in unserem täglichen Leben abspielt. Die Art und Weise, in der das geschieht, steht im Mittelpunkt dieses Buches.

Während ich aufwuchs, wurde das Patriarchat nicht thematisiert. Nicht in der Schule, nicht wirklich an der Universität – zumindest nicht so, dass es hängen geblieben wäre –, nicht in meiner Wohngegend oder meinem Viertel, in meinem Wohnblock, unter meinen Freunden und Freundinnen, in meiner Familie und nicht von meinen Eltern, Tanten, Onkeln oder Geschwistern. Es gehörte nicht zu meiner Alltagssprache – obwohl ich wünschte, es wäre so gewesen, da es mich auf viele Dinge vorbereitet hätte. Und dennoch durchdrang es regelrecht jeden Aspekt meines Daseins und beeinflusste maßgeblich, wie ich mich selbst als Junge und später als Mann sah, wie ich andere Männer und Frauen wahrnahm. Ich erinnere mich, dass ich in der einen oder anderen Form immer wieder mit Vorstellungen von männlicher Dominanz konfrontiert wurde. Zum Beispiel, als ich Ende der Neunziger-Anfang der Nullerjahre im Alter von etwa zwölf oder dreizehn zum ersten Mal das Lied »Keep Ya Head Up« von Tupac Shakur hörte. Die folgenden Liedzeilen fielen mir wirklich auf:

You know it makes me unhappy?
When brothers make babies, and leave a young mother to be a
pappy.
And since we all came from a woman,
Got our name from a woman, and our game from a woman,
I wonder why we take from our women, why we rape our women,
Do we hate our women?
I think it's time to kill for our women, time to heal our women,
Be real to our women.
And if we don't, we'll have a race of babies that will hate the
ladies
And makes the babies. And since a man can't make one, he has
no right
To tell a woman when and where to create one.*

Dieser Liedtext kommentiert bestimmte Aspekte von Geschlechterungleichheit; Männer, die Frauen, die sie geschwängert haben, verlassen; Männer, die Frauen verletzen und missachten, einschließlich Vergewaltigung; und er stellt sogar die Frage: »Hassen wir unsere Frauen?« Diese Botschaft von einem Gangster-Rapper zu hören, der ganz eindeutig als maskuliner Mann galt, der Inbegriff dessen,

---

* Weißt du, dass es mich unglücklich macht, wenn Brüder Babys machen und junge Mütter alleinlassen, sodass sie die Rolle des Papas übernehmen müssen? Und da wir alle von einer Frau geboren werden, unseren Namen von einer Frau bekommen, unseren Charme von einer Frau bekommen, frage ich mich, warum wir von unseren Frauen nehmen, warum wir unsere Frauen vergewaltigen, hassen wir unsere Frauen? Ich denke, es ist Zeit, für unsere Frauen zu töten, Zeit, unsere Frauen zu heilen, Zeit, ehrlich zu unseren Frauen zu sein. Und wenn wir es nicht tun, werden wir eine Generation von Babys haben, die Frauen hassen und Babys machen. Und weil ein Mann keins machen kann, hat er kein Recht darauf, einer Frau vorzuschreiben, wann und wo sie eins haben sollte.

was ein Mann sein sollte, hatte einen tief greifenden Einfluss auf meine Sicht der Dinge als Heranwachsender.

Als ich schließlich den Begriff Patriarchat verstand, half er mir, die vielen Fragen, die ich mir als Junge gestellt hatte, zu verstehen. Ich konnte zum Beispiel meine Affinität für Liedtexte wie den eben genannten im weiteren Kontext reproduktiver Rechte für Frauen verstehen. Auch heutzutage stellen sich viele Jungs ähnliche Fragen. Meine Arbeit mit Jugendlichen und erwachsenen Männern zeigt, dass wir uns anscheinend wie bereits vor Jahrzehnten immer noch mit der Komplexität und den Problemen des Mannseins auseinandersetzen; zusätzlich zu neuen Problemen, die sich in der heutigen Zeit ergeben haben.

Ich habe Jungs und Männer gesehen, die im Stillen an Angst und Depressionen, Liebeskummer und psychischen Traumata leiden und sich anderen und sich selbst gegenüber höchst aggressiv verhalten, weil ihnen im Laufe ihres Lebens immer wieder gesagt wurde, dass ein Mann stark sein müsse; hart im Nehmen, abgeklärt, logisch denkend, eine Art Soldat in schwierigen Zeiten, der niemals Gefühlen oder Verwundbarkeit erliegt und immer Gleichgültigkeit gegenüber jeglicher Art von Schmerz und Leid zeigt. Und auch ich habe aus meinen Erfahrungen gelernt und aus der Art und Weise, wie ich mich mit meiner Männlichkeit und dem Mannsein auseinandergesetzt habe, angefangen bei den Fragen, die ich als kleiner Junge und Jugendlicher hatte, bis zu denen, die sich einem als Mann stellen, und wie sich mein Umgang damit oft ganz klischeehaft auf männliche Verdrängung beschränkte.

Im englischen Original heißt das Buch daher *Mask Off (Runter mit der Maske)*. Denn Männern wird beigebracht, eine Maske zu tragen, eine Fassade, die unsere wahren Gefühle und Probleme verdeckt, mit denen wir von klein auf konfrontiert sind. Und weil die Gesellschaft grundsätzlich patriarchal ist, indem sie Männer begünstigt, die privilegierte Positionen einnehmen, erweckt sie den Eindruck, als hätten Männer keine Probleme, unter denen sie leiden. Es ist eine Art zweischneidiges Schwert, ein giftiges Allheilmittel: Dasselbe System, das Männer in der Gesellschaft bevorzugt, ist am Ende auch das System, das sie einschränkt, ihr Wachstum hemmt und schließlich zu ihrem Zusammenbruch führt.

Außerdem spielt der Originaltitel auch auf den Song »Mask Off« des amerikanischen Rappers Future an. Das Lied ist extrem materialistisch, gewaltvoll und frauenfeindlich, mit prahlerischen und lyrischen Anspielungen auf Drogen und Geld, Gang-Gewalt und abwertenden Bezeichnungen für Frauen (B-Wort und so weiter), und das alles unterlegt mit einem melodischen Querflöten-Sample. Später fand ich heraus, dass es sich um ein Sample aus dem Lied »Prison Song« von Tommy Butler handelt; dieses Lied wurde für das Theaterstück *Selma* geschrieben. Es geht darin um Rassismus, Polizeigewalt sowie Liebe und Freiheit während der Bürgerrechtsbewegung. Dieser Kontrast – zwei sehr unterschiedliche Botschaften, die über eine Zeitspanne hinweg in einem Lied existieren – steht symbolisch dafür, wie sich Männlichkeit und Maskulinität im Laufe der Zeit geändert haben. Und wie tiefgreifend sie von populärer Musik und Mainstream-Medien beeinflusst wurden.

Der deutschsprachige Titel *Sei kein Mann* kommt ohne diese Referenzen aus, er ist einfach ein klarer Hinweis darauf, dass wir unsere Vorstellungen von Männlichkeit ändern sollten. Ziel dieses Buches ist es, die Illusion einer starren und begrenzten Männlichkeit zu demaskieren, die Jungen und Männer unfähig macht, mit ihren Gefühlen umzugehen und sie, unbeabsichtigt oder nicht, zu Aggressoren und Beherrschern ihrer Mitmenschen macht. Auch möchte ich Lösungen anbieten, wie Männer beginnen können, nicht nur ihre eigenen persönlichen Traumata zu überwinden und zu verlernen, was ihnen als absolut beigebracht wurde, sondern auch, wie sie Veränderungen herbeiführen können, die es der nächsten Generation ermöglichen werden, in einem Bewusstsein zu leben für die Fülle, die Fluidität und die Ganzheit dessen, was es bedeutet, ein Mann zu sein.

1

REAL MEN:

MYTHEN DER MÄNNLICHKEIT

»Wenn für einen Mann die Männlichkeit wie sein Rückgrat ist – warum sollte er dann selbiges entfernen.« *Rhael*

Es gibt einige Mythen über Männlichkeit, die als absolute Wahrheiten von Generation zu Generation weitergegeben werden. Bereits ab dem frühen Kindesalter kriegen wir sie beigebracht, ohne sie großartig zu hinterfragen, und jeder Junge oder Mann, der nicht in diese Schubladen passt, wird schlichtweg ausgestoßen aus dem Männerclan.

Als wäre Mannsein eine Art Sportliga, in der jeder Mann gerne mitspielen würde: In die absolute Spitze, die Champions League, schaffen es nur ein paar Auserwählte, während der Rest, die Amateure und Semiprofessionellen, sich in Kreisligen herumschlagen muss. Und manche schaffen es in gar keine Liga. Die Vorstellungen, wie ein Mann zu sein hat und was Männlichkeit ist, erinnern stark an eine Sportart, die abhängig von der Region immer nach anderen Regeln gespielt wird.

Stell dir mal vor, wenn du zum Beispiel in England Fußball spielst, würde die Regel gelten, dass jedes Team aus elf Männern besteht und der Ball mit den Füßen gekickt wird. In den USA aber dürftest du dazu auch noch deine Hände benutzen. Auf der anderen Seite der Welt, in Brasilien, dürftest du nur mit dem linken Fuß spielen, die Tore wären kleiner und pro Team gäbe es vierundzwanzig Spieler. In Indien wäre der Fußball gar kein Fußball, sondern eine Wassermelone, die du herumkickst. In Nigeria dürftest du nur mit dem Kopf spielen.

Das Mannsein, genauso wie Männlichkeit, ist relativ und nicht statisch. Es ist kein quadratischer Spielzeugwürfel, der perfekt in die quadratische Form einer quadratischen Welt passt. Maskulinität ist ständig im Wandel. Sie ist fluide und kann alles sein, was du damit verbinden möchtest.

Solange aber diese strengen und stereotypen Vorstellungen von Männlichkeit existieren, die nicht angefochten oder kritisiert werden, ist es für Männer oft unmöglich, nach einem Männlichkeitsbild zu leben, das mit diesen Regeln bricht. Die Liste der Männermythen ist endlos, besonders wenn man bedenkt, dass es dazu noch unterschiedliche regionale Varianten dieser Mythen gibt. Deswegen habe ich mich auf neun häufig vorkommende Männlichkeitsmythen konzentriert.

EIN ECHTER MANN

Wie oft hast du schon Sätze wie die folgenden gehört: »Ein echter Mann kümmert sich um seine Kinder« oder »Ein echter Mann geht nicht fremd« oder »Ein richtiger Mann bezahlt die Rechnungen«? Oder all die anderen Sätze, die anfangen mit »Ein wahrer Mann …«, »Ein echter Mann …«, »Richtige Männer …« etc., um dann eine Vorgabe zu machen, welche Handlung selbige dann wie auszuführen haben? So etwas wie einen »echten Mann« gibt es nicht.

Dieser Satz fußt auf patriarchalen Vorstellungen, die verfestigen, was von Männern erwartet wird. Oft verrät der Kontext, in dem solche Sätze verwendet werden, wie negativ Mannsein und Männlichkeit eigentlich besetzt sind.

Zum Beispiel »Ein echter Mann kümmert sich um seine Kinder«. Das sollte für Eltern unabhängig von ihrem Geschlecht eigentlich *selbstverständlich* sein. Die Tatsache, dass sich vermeintlich nur ein »echter Mann« um seine Kinder kümmert, impliziert, dass Männer im Allgemeinen es nicht täten. Und was bitte soll uns das über Männer sagen?

Die Formulierung »echte Männer« bringt uns zurück zur Champions League: Eigentlich sollten alle Männer hier spielen, aber nur die »echten Männer« haben dort Platz.

Die Vorstellung, dass »echte Männer« Ernährer sein müssen, rückt finanzielle Umstände in den Vordergrund und ignoriert soziale Ungerechtigkeiten und Ausgrenzung.

Diese Vorurteile verfestigen den begrenzten Spielraum dessen, wie ein Mann sein und nicht sein kann. Sie werden in allerlei Zusammenhängen verwendet und können Männer krass unter Druck setzen.

MÄNNER SIND MÜLL

In den letzten Jahren hat sich dieser Satz als Hashtag #MenAreTrash vor allem im Internet beziehungsweise in den sozialen Medien immer weiter verbreitet. Der Spruch hat eine dringend notwendige Debatte entfacht über männliche Privilegien, Geschlechterungerechtigkeiten und die systematischen Vorteile, die Männer aufgrund des Patriarchats genießen.

Es geht dabei nicht nur um Beziehungen oder Dates, auch wenn dieser Satz manchmal darauf reduziert wird. Manche entgegnen dem Spruch: »Such dir bessere Männer aus!«, oder wollen die Aussage nichtig machen, indem sie sagen: »Aber nicht alle Männer!«

Das Wort »Müll« führt verständlicherweise bei vielen dazu, dass sie eine Art Abwehrhaltung aufbauen. Dabei missverstehen sie die Aussage oft als persönlichen Angriff auf ein Individuum, anstatt zu realisieren, dass es ein allgemeiner Kommentar über die kollektive Unterdrückung von weiblichen Menschen ist. Oft rührt die Abwehrhaltung daher, dass es eine mangelnde Bereitschaft gibt, anzuerkennen, welchen Schmerz man anderen Personen zugefügt haben könnte.

In vielen Fällen ist dieses Charakterisieren als »Müll« oder »Abfall« einfach ein Verweis auf den alltäglichen gesellschaftlichen Missbrauch ihrer Privilegien durch Männer, ob sie sich nun dessen bewusst sind oder nicht.

Als ich diesen Satz das erste Mal gehört habe, war ich auch ein wenig geschockt. Er wirkte so bitter, gar wütend, doch als ich genauer hingehört habe, ohne mich von dem anfänglichen Schmerz abhalten zu lassen, verstand ich, dass der Satz viel mehr über grundsätzliche gesellschaftliche Probleme verrät als über einzelne Männer.

DER NETTE ODER DER GUTE KERL

Diese Floskel unterstreicht auf ganz perfide Art und Weise männliche Selbstgefälligkeit. Oberflächlich wirkt es, als ginge es eigentlich um ein prinzipiell positives Männerbild, um die Vorstellung, dass gute oder nette Kerle verlässlich sind und deswegen einen Anspruch auf die Aufmerksamkeit, Zeit oder Energie von Frauen hätten. Frauen haben dich zu mögen, wenn du ein netter Kerl bist, und wenn sie es nicht tun, fällt es auf die Frauen zurück.

Wenn sich Männer als »netten Typen« oder »guten Kerl« bezeichnen, sagen sie ebenfalls unterschwellig, dass Männer an sich so schlimm sind, dass sie sich von ihnen abgrenzen müssen. Außerdem wollen sie damit sagen, dass sie ihre männlichen Privilegien selbst nicht so ausnutzen wie andere Männer.

REISS DICH ZUSAMMEN, JUNGE!

Dieser Ausruf wird oft als Waffe benutzt, vor allem um die Empfindungen von Jungs in ihrer Kindheit stummzuschalten. Stell dir mal folgendes Szenario vor: Ein kleiner Junge spielt draußen, stürzt, schürft sich das Knie auf und beginnt zu weinen. Er rennt zu seinen Eltern, und die sagen, ohne zu wissen, welchen Schaden sie damit eigentlich anrichten, dass er sich zusammenreißen solle. Daraufhin folgen oft Aussagen, dass Jungen stark sein müssen und so weiter.

Jungen lernen auf diese Weise schnell, dass es sie schwach macht, wenn sie Gefühle zeigen, insbesondere wenn sie sich verletzlich geben wie etwa durch Weinen. Sie verinnerlichen das dann, sodass sie im Übergang von der Kindheit zum Heranwachsenden und schließlich als erwachsene Männer ihre Emotionen komplett unterdrücken, ohne es überhaupt zu merken.

DAS IST VOLL SCHWUL!

Dieser Spruch fällt fast ausschließlich, wenn Männer (nichtsexuelle) Intimität teilen oder sich gegenseitig von ihren Gefühlen erzählen oder Verbindungen zueinander aufbauen, die nicht hypermaskulinen Klischees entsprechen. Es kann etwas Simples sein wie »Ich liebe dich« oder eine Umarmung zwischen Männern oder Händchenhalten. Auf welche Art auch immer, wenn Männer sich näherkommen, kommt dieser Ausruf oft.

Es gibt auch das Phänomen, dass manche Männer öfter Dinge sagen wie »no homo« oder etwas wie »Ist jetzt nicht schwul gemeint«, um sich von diesem Vorwurf zu distanzieren. Zum Beispiel würden manche Männer zu jemandem sagen: »Du siehst echt richtig gut aus heute, no homo!«

Das ist auf heimtückische Art homophob. Diese Floskel wird oft mit einem leichten Schmunzeln verwendet. Trotzdem: Dieser Ausspruch trägt eine tief verwurzelte, giftige Form von Männlichkeit weiter, in der Männer einander nur Komplimente machen oder Liebe bezeugen können, wenn immer klargestellt wird, dass sie ja eigentlich Heteros sind.

MÄNNER WEINEN NICHT

Dieser Satz ist die Fortsetzung von »Reiß dich zusammen!«, womit sich Jungs bis zum Erwachsensein herumschlagen müssen. Ich kann mich immer noch daran erinnern, als ich als kleiner Junge zum ersten Mal meinen Vater habe weinen sehen. Meine ganze Kindheit lang wurde mir gesagt, dass ich stark sein soll und nicht weinen darf, und die eine Person, die für mich die ultimative Quelle der Stärke darstellte, stand in Tränen aufgelöst vor mir. Anstatt für mich zu beschließen, dass es o. k. ist zu weinen, kam ich zu der Erkenntnis, dass ich einfach noch stärker als mein Vater sein müsse, dass mich niemals jemand weinen sehen sollte. Niemand sollte jemals meine Schwäche sehen. Mir das abzugewöhnen hat mich sehr viel Zeit gekostet.

Heute weine ich ganz selbstverständlich. Ich weine nach einem Theaterstück, bei einem Konzert oder nachdem ich ein Basketballspiel verloren habe. Selbst wenn ich allein bin und beim Kochen Zwiebeln schneide, lasse ich gerne ein paar Tränen fließen. Nach vielen Gesprächen habe ich realisiert, dass viele meiner erwachsenen männlichen Freunde sich noch immer nicht damit wohlfühlen, sich so verletzlich zu geben. Ich habe männliche Freunde, die schon seit Jahren nicht mehr geweint haben, nicht einmal in tragischen Momenten, als einer ihrer Liebsten starb oder eine Beziehung zu Ende ging.

Und man muss ja nicht immer nur bei negativen Dingen weinen, es kann ja auch Ausdruck der Freude oder Rührung sein, was ebenso legitim ist. Lieben wir es nicht alle, wenn der Bräutigam bei seiner Hochzeit weint?

MÄNNER SIND STÄRKER
ALS FRAUEN

Auf YouTube gibt es ein Video namens »Labour Pain Simulator on 2 Men« (zu Deutsch: »2 Männer testen Geburtswehen-Simulator«). In dem Video gehen zwei Männer zu einer Ärztin, die ihnen Elektroden am Körper anlegt, um eine Stunde lang die Schmerzen bei der Geburt eines Kindes zu simulieren. Zu Beginn wirken die Männer recht entspannt, einer von ihnen sagt sogar: »Frauen übertreiben sowieso bei allem.« Am Ende winden sich beide unter Schmerzen und halten die simulierten Wehen schlicht nicht aus. Einer der beiden Männer nennt seine Mutter dann Superheldin und entschuldigt sich auf superlustige Art und Weise, dass er ihr vor all diesen Jahren so viele Schmerzen verursacht hat.

Unser Blick auf körperliche und emotionale Stärke ist oft mit Geschlechterrollen verknüpft. Natürlich gibt es biologische Unterschiede zwischen Männern und Frauen. Aber: Die Schlüsse, die daraus für unsere Lebensrealitäten gezogen werden, sind oft fehlerhaft und starr.

Männer sind nicht aus Prinzip stärker als Frauen. Stärke ist eine komplexe Eigenschaft (die sich nicht nur daran misst, wer die schwersten Dinge heben, am härtesten zuschlagen oder die meisten Schläge wegstecken kann). Außerdem ist die wohl größte aller Stärken, ich spreche hier von emotionaler Stärke im Gegensatz zur physischen, die Resilienz: Probleme auszuhalten und zu überwinden, und die Kapazität, sich schnell wieder davon zu erholen. Wenn wir danach gehen würden, wer belastbarer ist in schwierigen Zeiten, könnten wir dann neu definieren, wer wirklich stärker ist?

MÄNNER SIND RATIONAL
(UND FRAUEN EMOTIONAL)

Dieser Irrglaube möchte Männer von ihrer emotionalen Verletzlichkeit und ihrem Mitgefühl für andere loslösen. Männer gelten als das logische Geschlecht, als diejenigen, die vermeintlich all ihre Handlungen und Entscheidungen besonnen durchdenken. Frauen wird unterstellt, sie folgten eher ihren Gefühlen.

Was wir bei dieser vermeintlichen männlichen Rationalität aber oft übersehen, sind Emotionen wie Zorn oder Ohnmacht. Wenn häusliche Gewalt um 40 Prozent ansteigt, weil die Nationalmannschaft bei einer WM verloren hat, ist diese Aggression und die damit verbundene Wut sicherlich alles andere als rational oder logisch.

MÄNNER SIND (SEXUELL) TRIEBGESTEUERT

Es gibt einen beliebten Satz aus dem 19. Jahrhundert vom irischen Dichter und Schriftsteller Oscar Wilde: »Auf der Welt dreht sich alles um Sex, außer beim Sex, da dreht sich alles um Macht.« Zum ersten Mal hörte ich dieses Zitat als Teenager, und der Satz blieb hängen.

Er zerlegt die männliche Psyche in zwei Teile. Der erste Teil »Alles dreht sich um Sex, außer beim Sex« zeigt, dass Leute sich so verhalten, dass ihre Chancen steigen, ihr Gegenüber sexuell anzuziehen. Der zweite Teil »Beim Sex geht es um Macht« erläutert, dass Sex oft die Funktion hat, andere Menschen zu dominieren. Deswegen gilt es in der Gesellschaft als cool, wenn Männer mit vielen Frauen Sex haben. Männer lassen sich sehr gerne als »Weiberhelden«, »Herzensbrecher« oder »Player« bezeichnen, während Frauen nur sehr ungern als »Huren«, »Schlampen« oder »Nutten« dastehen wollen.

In Wahrheit haben Männer und Frauen durchschnittlich gleich viel Lust auf Sex. Es gibt zudem auch viele Männer, die nicht darauf stehen, mit Dutzenden Sex zu haben, und viele Frauen, denen genau das sehr gefällt.

Eine besondere Erwähnung gebührt dem Spruch »So sind Jungs

eben«. Er ist besonders wirkungsvoll, weil er schon ab sehr jungem Alter den Jungs auf dem Weg zum Erwachsenen mitgibt, dass zerstörerische Verhaltensweisen ganz normal seien. Bei Kindern dient »So sind Jungs eben« oft als Ausrede für Verhaltensweisen, die man oberflächlich mit Männlichkeit verbindet, Verhaltensweisen, die bei einem Mädchen nicht akzeptiert würden. Der Spruch kann kommen, wenn Jungs raufen (ein Spielplatzphänomen, besonders häufig bei männlichen Kindern) oder bei erwachsenen Männern, die Frauen hinterherpfeifen oder sexuell belästigen.

»So sind Jungs eben« nimmt der Tat die Schuldhaftigkeit und bringt kleinen Jungs bei, dass es gewisse Verhaltensweisen gibt, mit denen sie davonkommen, nur weil sie männlich sind. Ein Äquivalent für Frauen nach dem Motto »So sind halt Mädchen« gibt es in der Form nicht.

»Eine Sache, die mir an Geschlechterrollen überhaupt nicht gefällt, ist, dass Männer nicht weinen dürfen. Wir können mit unseren Freundinnen am Telefon stundenlang schnacken und uns alles erzählen, was uns gerade passiert. Das ist unsere Therapie, das haben wir über Jahre entwickelt. Aber Männer, die haben das nicht, weil ihre Kumpels dann sagen werden: ›Bro, komm mal klar, vergiss den Scheiß einfach!‹ Ich glaube, es ist superwichtig, dass Männer sich einfach ausdrücken können.« *Zeze*

Es gibt noch so viele weitere Beispiele für dieses engstirnige Denken, das benutzt wird, um Klischees aufrechtzuerhalten, wie ein Mann nun sein soll oder nicht. Es ändert sich je nach Kultur, Ort oder Zeitalter, was ja eigentlich nur beweist, dass Männlichkeit nichts Fixes ist. Die verschiedenen Spielarten von Männlichkeit und ihre Klischees existieren nicht im luftleeren Raum, sondern in einer Gesellschaft.

Bis uns überhaupt klar wird, dass es diese Erwartungshaltung an Männlichkeit gibt, haben wir bereits viele Jahre damit verbracht, unsere Maskulinität danach auszurichten, weil wir glauben, dass es sich so gehört. Deshalb fällt es umso schwerer, diese Verhaltensmuster wieder abzulegen.

MÄNNLICHKEIT ALS SCHAUSPIEL

Aktuell gibt es hitzige Diskussionen über Männlichkeit, Weiblichkeit und das binäre Gender-Verständnis an sich – darauf gehen wir genauer in Kapitel 6 ein. Manche argumentieren, Männlichkeit sei toxisch, zerbrechlich und in einer Krise, während andere argumentieren, dass diese ganze Debatte Beweis dafür sei, dass man Männlichkeit um jeden Preis vor denjenigen schützen müsse, die versuchen, sie zu zerstören. Männlichkeit und Weiblichkeit, wie wir sie traditionell verstehen, sind Eigenschaften, die wir aufgrund unseres Geschlechts haben, die aber von unserem biologischen Geschlecht zu trennen sind.

Judith Butler sagt: »Geschlecht ist eine über die Zeit mühsam konstruierte Identität [...] die durch häufiges Wiederholen«[1] ihren performativen Charakter zeigt. Während Geschlecht nicht das Gleiche ist wie Männlichkeit oder Weiblichkeit, sind *Geschlechterrollen* deckungsgleich mit männlichen und weiblichen Rollen. Dieses Prinzip der performativen Geschlechterrollen lässt sich vielen Leuten nach auch auf Männlichkeit und Weiblichkeit anwenden. Wir »spielen« also gewisse männliche Rollen oder weibliche Rollen, die immer wieder unsere Geschlechteridentität bestätigen. Zum Beispiel: Den Starken zu mimen, macht dich mehr zum Mann. Die Schwache zu mimen, macht dich mehr zu einer Frau.

Die vielen Dinge, die uns über Maskulinität gesagt werden, sind tatsächlich sehr gefährlich für uns Jungs und Männer und diejenigen, die uns nahestehen, inklusive der Frauen. Darauf werde ich im Weiteren noch eingehen.

Welche Beispiele gibt es dafür, wie Männlichkeit sich in jeder Region und jeder Kultur auf der Welt anders äußert? Wir haben bereits gesehen, wie an Orten wie zum Beispiel Nigeria, Uganda oder Indien – oder ganz konkret anhand meiner Geschichte aus dem ersten Kapitel im Kongo – wir Männer Händchen halten als Zeichen der Brüderlichkeit, Freundschaft und Zuneigung. Es gibt in der Geschichte viele andere Beispiele, etwa von matriarchalen oder matrilinearen Gesellschaften, in denen Frauen Positionen von Macht innehatten und nicht als minderwertig gegenüber den Männern oder schwächer als sie eingestuft wurden oder in denen die Familienlinie und das Erbe über die Frau weitergegeben wurden. Damit soll nicht gesagt werden, dass diese genauso aufgebaut waren wie männerdominierte, patriarchale Systeme in Bezug auf die Unterdrückung: Die Frauen waren schlicht in Machtpositionen und keine marginalisierte Randgruppe in diesen Gesellschaften.

Die feministische Autorin und Forscherin Heide Goettner-Abendroth betont, dass man matriarchale Gesellschaften nicht als Spiegelbild von patriarchalen Gesellschaften betrachten soll. Sie verfügen nicht über dieselben Definitionen von Hierarchie. Matriarchale Gesellschaften sind ausgeglichen auf sozialer, politischer und finanzieller Ebene und basieren auf demokratischen Entscheidungen. Sie wurden von Frauen gegründet basierend auf mütterlichen Werten.[2]

Es gibt noch einige matrilineare Gesellschaften in der Welt. In der Volksgruppe der Minangkabau – der größten noch herrschenden matrilinearen Gesellschaft – in Westsumatra in Indonesien werden Besitztümer und Land über die Töchter weitervererbt, die Kinder nehmen den Namen der Mutter an, und der Ehemann gilt als Gast im Haus der Frau. Es ist eine komplexe und besondere gesellschaftliche und politische Struktur, in der die Handlungsfähigkeit der Frau gestärkt wird, anstatt sie zu unterdrücken wie an anderen Orten der Welt.[3]

Heute halten wir immer noch an der Vorstellung fest, dass die Farbe Rosa für Mädchen und die Farbe Blau für Jungs ist (dazu muss man auf Social Media nur diese ganzen Gender-Reveal-Videos angucken), deswegen kann es für uns schwierig werden, uns vorzustellen, dass Stöckelschuhe oder Make-up, »feminine« Sachen, in vielen Fällen ursprünglich für Männer konzipiert wurden oder Dinge sind, an denen Männer Gefallen fanden. Im frühen siebzehnten Jahrhundert kamen Stöckelschuhe über Persien nach Europa, und für gewöhnlich trugen sie Männer, um ihre Zugehörigkeit zur Oberschicht zu zeigen. Die Schuhe waren teuer, sie zu tragen galt als Statussymbol, als Symbol von Reichtum. Stöckelschuhe machten Männer größer und ließen sie sportlicher aussehen. Es gibt ein berühmtes Porträt vom französischen König Ludwig XIV., auf dem er protzig dasteht in Strumpfhosen samt weißen Schuhen mit braunen Hacken, die knapp acht Zentimeter hoch sind.

Letzten Endes ist Männlichkeit ein Schauspiel. Sprich, wir performen sie, wir spielen sie, um immer wieder zu verfestigen, was normale Verhaltensweisen sind für diejenigen, die als Mann geboren wurden.

Das soll nicht heißen, dass Männlichkeit an sich zerstörerisch ist, aber natürlich gibt es das Problem der toxischen, herrischen Männlichkeit, die wir in diesem Buch ergründen. R. W. Connel argumentiert, dass diese herrische, hegemoniale Männlichkeit gefährlich ist, weil »sie die dominante Position von mächtigen Männern in unserer Gesellschaft legitimiert und somit auch die Unterordnung des einfachen männlichen Volks und auch der Frauen und anderen geächteten Männlichkeitsformen rechtfertigt«.[4] Wenn wir bedenken, dass dieses Ideal historisch auf verschiedene Arten in unterschiedlichen Kulturen funktioniert hat, fangen wir an zu verstehen, dass es keine stete Konstante ist.

Männlichkeit ist nicht gleich Patriarchat. Und auch wenn das Patriarchat eine Struktur der Unterdrückung ist, die ein Geschlecht dem anderen unterordnet, müssen wir an dem Glauben festhalten, dass Männlichkeit kein Patriarchat braucht, um zu existieren. Es braucht eine Männlichkeit, die die Notwendigkeit für Geschlechtergerechtigkeit erkennt und sie sich auch herbeiwünscht.

»Deswegen rede ich gerne von Männlichkeiten statt nur von Männlichkeit, denn es gibt so viele Formen davon. Wir haben die eine Vorstellung von Männlichkeit, und die ist schnell toxisch und negativ besetzt, während der Begriff Männlichkeiten Raum gibt für Männer, Frauen und Leute, die sich nicht in ein Geschlecht einordnen, ihren eigenen Zugang zur Männlichkeit zu finden.« *Tom*

2

GANG SIGNS & PRAYER:

MÄNNLICHE GEWALT, AGGRESSIVITÄT UND PSYCHISCHE GESUNDHEIT

Männliche Gewalt und männliche Aggressivität haben einen enormen Einfluss auf unser Leben, die Leben unserer Angehörigen und die Leben von Fremden. Männliche Gewalt variiert in ihrer Intensität, aber ihre toxische Energie brodelt unter der Oberfläche bei vielen Interaktionen und in vielen Situationen. Wir sehen die Auswirkungen auf Haushalte, am Arbeitsplatz, in Gemeinden und allgemein in der Gesellschaft. Und obwohl männliche Gewalt so allgegenwärtig ist, bleibt sie oft verborgen, vor allem ihre besonders heimtückischen Seiten.

Oftmals wird männliche Gewalt als etwas Natürliches beschrieben, sogar als wäre sie die zweite Natur von Männern. Schuld daran ist, dass wir zu selten über die Ursachen männlicher Gewalt reden. Wir sind so sehr daran gewöhnt, dieselben Ausreden bezüglich Biologie und Testosteron zu hören. Damit aber wird der sehr wichtige Faktor der Sozialisierung durch das Umfeld außer Acht gelassen. Männliche Gewalt und männliche Aggressivität sind zweifelsohne thematisch verknüpft mit der psychischen Gesundheit von Männern. Noch gibt es kein allgemeines gemeinsames Vorgehen gegen diese Verhaltensweisen, vor allem bei jungen Männern. Es gibt aber auch noch keine Strategien für ältere Männer, damit sie sich diese toxischen, frauenfeindlichen Attitüden und Handlungen abgewöhnen. Ein kollektives Einschreiten könnte einen nachhaltigen Wandel auf der individuellen Ebene einläuten, was wiederum einen Wandel auf kollektiver gesellschaftlicher Ebene lostreten kann.

Statistisch gesehen gleicht die männliche Gewalt einem Minenfeld und reicht vom kleinen Übergriff bis hin zum Mord. Sexuelle Gewalt und Aggression wiederum fasst alles zusammen von der Belästigung über die Vergewaltigung bis hin zum Missbrauch, der nicht immer unbedingt körperlich sein muss. Nach den neuesten Erhebungen über Gewaltdelikte und sexuelle Übergriffe von der Crime Survey for England and Wales (CSEW) des Office of National Statistics (ONS) im März 2017 waren 78 Prozent der wegen Gewaltdelikten angezeigten Personen männlich. Es wurden also fast vier Fünftel aller Gewaltdelikte von Männern begangen. Der CSEW schätzt auch, dass nur 43 Prozent der tatsächlichen Fälle überhaupt der Polizei gemeldet wurden. Das sind deutlich weniger als die 52 Prozent, von denen im Jahr zuvor ausgegangen wurde. Von März 2017 bis März 2018 gab es laut CSEW insgesamt 1 259 000 Gewaltdelikte in England und Wales.

Die Untersuchungen ergeben außerdem, dass Männer häufiger Opfer von Gewaltdelikten werden, ihr Anteil liegt bei 2,1 Prozent der Gesamtbevölkerung, als Frauen, von denen 1,3 Prozent der Gesamtbevölkerung betroffen sind, 74 Prozent dieser Straftaten sind Morde. Frauen werden jedoch öfter Opfer körperlicher Gewalt und von Gewalttaten ohne Verletzungen. Da liegen die Zahlen bei 53 beziehungsweise 57 Prozent. Frauen erleben auch öfter Gewalt im eigenen Haushalt. Diese Taten werden oftmals auch als »häusliche Gewalt«, »häuslicher Missbrauch« oder »Gewalt in einer Intimbeziehung« eingestuft, sodass sie bei normalen Gewaltdelikten nicht mitgezählt werden.[1]

Die Statistiken sind wahrlich schockierend. Von März 2016 bis

März 2017 haben 1,9 Millionen Personen (1,2 Millionen Frauen, 713 000 Männer) häusliche Gewalt erlebt.[2] In England sterben jede Woche zwei Frauen infolge von häuslicher Gewalt in einer Beziehung oder Ex-Beziehung.[3] Im Vereinigten Königreich wurden 2016 neun von zehn Frauen von jemandem getötet, den sie kannten. Aus einem 2018 veröffentlichten Forschungsbericht des Büros der Vereinten Nationen für Drogen- und Verbrechensbekämpfung (UNDOC) geht hervor, dass ihr eigenes Zuhause für Frauen der gefährlichste Ort ist.[4] Es ist für viele unvorstellbar, dass man ausgerechnet an dem Ort am wahrscheinlichsten angegriffen oder gar getötet werden kann, den viele für einen geschützten Raum halten, ihr eigenes Zuhause. Und dass der Täter meist jemand ist, den die Person gut kennt.

Die Statistiken zeigen auch, dass Männer die überwältigende Mehrheit der Delikte verüben: knapp 80 Prozent. Leider werden aber nur weniger als die Hälfte der Polizei gemeldet. Die Statistiken zeigen auch, dass Männer öfter von Gewaltkriminalität betroffen sind. Das heißt: Auch wenn Männer die meisten Taten verüben, erfahren sie auch die meiste Gewalt, abhängig von der Art der Straftat. Frauen sind eher von Gewalt durch ihnen bekannte Männer betroffen als durch fremde, und bis zu zwei von ihnen verlieren pro Woche ihr Leben durch häusliche Gewalt in UK, alle drei Tage in Deutschland.

Auch wenn Männer ebenfalls häusliche Gewalt erleben, zeigen sie diese, wie auch viele Frauen, oft nicht an aufgrund persönlicher und gesellschaftlicher Barrieren, geschweige denn dass sie ihren Angehörigen davon erzählen. Dennoch deuten Zahlen des Office for National Statistics darauf hin, dass der Anteil der Männer, die häusliche Gewalt angezeigt haben, von 10,4 Prozent im Jahr 2014/15 auf 14,7 Prozent im Jahr 2018 angestiegen ist.[5]

Scham ist ein zentrales, dominantes, schwächendes Gefühl

der männlichen Identität. Wenn Männer häusliche Gewalt durch Frauen erleben, gelten sie oft als weniger männlich, sie sind keine »richtigen Männer«. Diese Ächtung und die damit einhergehende Scham erfahren die Opfer oft durch andere Männer, aber auch durch die Medien und schädliche Klischees über Männlichkeit in der Gesellschaft. Es ist traurig, dass Männern, die Opfer von Gewalt werden, ein größeres Stigma anhaftet als Männern, die Gewalt ausüben.

Diese Debatten konzentrieren sich oft auf heterosexuelle Paare, während die Realitäten von Beziehungen und Missbrauchserlebnissen der LGBTQ+-Communitys ausgeklammert werden. Männer, die von Frauen geschlagen wurden, erleiden Traumata und empfinden Scham, Männer, die von anderen Männern, die vielleicht auch ihre Partner sind, geschlagen wurden, erleben genau dasselbe.

Es sollte sich eigentlich von selbst erklären, dass die Mehrheit der Männer nicht gewalttätig ist, genauso wie die Mehrheit der Frauen ebenfalls nicht gewalttätig ist. Trotzdem gilt: Männer verüben die Mehrheit der Gewaltdelikte. Das gilt es zu analysieren und verstehen. Kleine Jungs werden oft durch Gewalt und Aggression sozialisiert, sodass Aggressivität im Erwachsenenalter für sie zu einer Art Lingua franca ihrer Erfahrungen wird. Das fängt bei Jungs oft im Kindesalter an, in ihren Familien und zu Hause. Hier lernen sie, was gesellschaftlich akzeptabel ist und was nicht. Im Kindesalter lernen wir, wie man Freundschaften und Beziehungen knüpft, wie man spielt und kommuniziert und vor allem, wie man sich verhält und auf Dinge reagiert. Unser Umfeld spielt da eine riesige Rolle.

SPIELZEUGSOLDATEN

»Ich hatte vor Kurzem ein Gespräch, in dem es darum ging, dass Gewalt für uns, die wir uns als Männer identifizieren, oft eine Form der Kommunikation ist. Als Kind habe ich meinen besten Freund kennengelernt, nachdem ich mit ihm gerauft hatte.« *Rhael*

Wie wir uns ausdrücken und unser Selbstverständnis wird durch das Spielzeug geprägt, mit dem wir als kleine Jungs spielen. Jungs kriegen oft Spielsachen, die man eher mit aggressivem und physisch forderndem Verhalten verbinden würde, wie Pistolen, Trucks, Hämmer oder andere Waffen. Eine Studie der Iowa State University zur »Beziehung zwischen gewaltsamen und gewaltlosen Spielsachen und dem Spielverhalten bei Vorschulkindern« ergab, dass echte, vorgetäuschte und absolute Aggressivität bei gewaltsamem Spielzeug häufiger vorkam als bei gewaltlosen Spielsachen.[6] Kinder neigen also bei gewaltsamen Spielsachen eher zu aggressiven Verhaltensweisen, ob nun vorgetäuscht oder echt.

Wenn ich mich an die Spielsachen aus meiner Kindheit zurückerinnere, denke ich an meine Spielzeugpistole, meine Action-Figuren und Superhelden. Außerdem fallen mir die Cartoons, die Fernsehsendungen, die Musik und Filme ein, die ich als Kind geguckt und gehört habe. Sie haben aggressives Verhalten als Norm verstärkt und normalisiert. Eine andere Studie über die Beziehung zwischen dem Spielen mit Spielzeugwaffen und kindlichen Aggressionen von der Brandeis University[7] unterstützt die obige Annahme und fand des Weiteren heraus, dass es bei Kindern, deren Eltern sie körperlich bestrafen, auch dazu führen kann, dass sie, egal ob Junge oder Mädchen, selbst zu aggressivem Verhalten neigen und das wiederholen, was sie zu Hause erleben.

Männliche Gewalt und Aggressivität wird auch an weiterführenden Schulen durch die Sozialisierung normalisiert. Vor allem an gemischten und Gesamtschulen herrscht eine Kultur toxischer Männlichkeit vor.

Unter kleinen Jungs sind Raufereien oft ein Zeichen von Freundschaft. Zwei Jungs, die nicht befreundet sind, raufen für gewöhnlich auch nicht miteinander. Diese spielerischen Raufereien können jedoch oft eskalieren und zu richtigen Schlägereien führen – vor allem wenn einer das Gefühl hat, dass der andere zu weit gegangen ist, oder wenn einer Angst hat, sich zu blamieren, vor allem vor seinen Freunden.

Von früh auf benutzen wir Aggressionen zur Sozialisierung und Mannwerdung. Männliche Aggressivität verfestigt Hierarchien. Sie gibt uns zu verstehen, wer in einer Gruppe der Stärkere ist, ohne dass es zu einem Kampf kommen muss. Dadurch entsteht eine Hackordnung, die auch mit gewissen stereotyp männlichen Eigenschaften einhergeht, wie etwa Stärke anstatt zum Beispiel Nettigkeit oder Empathie, die öfter mit Weiblichkeit in Verbindung gebracht werden.

In dieser Rangordnung gebührt dir besonderer Respekt, wenn du als stark giltst, nicht aber, wenn du öffentlich Schwäche zeigst. Sobald es jedoch zu einer Schlägerei kommt, kann sich deine Position in diesem Gebilde jederzeit komplett verändern. Denkt an das klassische Peter-Parker-Spider-Man-Szenario, in dem der soziale Außenseiter, der Streber, der als schwach gilt, den sportlichen Sonnyboy besiegt und plötzlich »Street Credibility« hat und auf einmal im Ansehen steigt.

Männliche Aggressivität ist zudem ein Schauspiel. Im jungen Alter fühlen sich Männer oft durch andere Männer unter Druck gesetzt, auf die Frauen und Mädchen in ihrer Schule, auf die sie stehen (ohne dass sie es schon äußern könnten), besonders attraktiv zu wirken. Körperliche Rangeleien mit Jungs erfüllen dann gleich zwei Funktionen: Man erhöht seinen Status in der Jungsclique, und man beeindruckt die zuguckenden Mädels.

»Etwas, was an Männlichkeit für Männer, die sich auf diesem Spektrum sehen, superkomisch ist, ist die fehlende (nichtsexuelle) Intimität mit dem eigenen Geschlecht.« *Jordan S*

Als Jungs raufen wir uns auch deshalb, weil wir die immer weniger werdenden Umarmungen kompensieren wollen und ein Bedürfnis nach Berührungen haben, wie wir sie als Prä-Teenager gewohnt waren.

Wenn ich von intim spreche, meine ich damit nicht sexuell oder romantisch, sondern zugewandt. Von Jungs wird ab der Pubertät erwartet, dass sie eher stark, stoisch und auch mal Einzelgänger sind. Die liebevollen Berührungen, die man als kleines Kind bekommen hat, gibt es irgendwann nicht mehr. Durch Raufereien kriegen wir diese Berührungen auf eine Art wieder, aber innerhalb der patriarchalen Regeln, die uns erlauben, unsere Männlichkeit zu wahren. Jungs werden nicht gemobbt, wenn sie einander in Form von Schlägereien körperlich näherkommen.

Die Gewalt, die von erwachsenen Männern ausgeht, hat ihre Wurzeln oft in diesen jugendlichen Raufereien. Es geht darum, ein gewisses Männerbild zu erfüllen, das einem über Jahre hinweg eingetrichtert wurde.

Die Aggressionen gegenüber Frauen, die viele Männer empfinden, haben viel zu tun mit einem Mangel an Gesprächen unter Männern und der mangelnden Fähigkeit, Gefühle wie Wut zu verarbeiten. Signifikante Probleme dabei sind internalisierte Wut und unterdrückter Frust. Damit wachsen viele Jungs auf und leiden als Erwachsene noch immer darunter. Das beeinträchtigt enorm die psychische Gesundheit von Männern.

DEPRESSIONEN, ENTFREMDUNG
UND SELBSTMORD

In meinen frühen Zwanzigern fühlte ich mich eine Zeit lang allein, isoliert, abgelehnt und irgendwie lethargisch. Ich verstand nicht, warum ich mich so fühlte. Jede Anstrengung wirkte zwecklos und sinnentleert. Ich fühlte mich, als müsste ich mich doppelt anstrengen, um überhaupt die Hälfte hinzubekommen. Jeder Tag war ermüdender als der nächste, als wäre ich auf einer langen Reise ohne Ziel, und dabei würde mir das Benzin ausgehen. Ich hatte niemanden, mit dem ich darüber reden konnte, und hätte auch nicht gewusst, wie. Deswegen versuchte ich, es zu verstecken, indem ich andere Leute aufmunterte und ihnen gegenüber immer positiv eingestellt blieb. Ich war lustig, gut drauf und happy – alles nur oberflächlich. Tief in mir aber hatte ich höllische seelische Schmerzen. Ich war stärker belastet als bei körperlichen Schmerzen. Für mich war ganz klar, dass ich gerade eine harte Zeit durchmachte, deswegen dachte ich, dass alle es merken würden. Ich fühlte mich so entblößt, als stünde mir der Schmerz ins Gesicht geschrieben. Ich war schockiert, als ich herausfand, dass es keiner Person auffiel. Niemand bemerkte, wie ich mich verändert hatte, dass ein Teil von mir starb. Als kein Mensch mir Hilfe anbot, eine Schulter zum Ausheulen, einen geschützten Raum, jemanden zum Reden, als niemand meinen stummen Hilfeschrei erhörte, spürte ich, dass ich allein da durchmusste. Ich isolierte mich noch weiter, weil ich dachte: Ich bin die einzige Person, die mir helfen kann.

Es gibt so viele Jungs und Männer, die sich so fühlen, die denken, sie müssten ganz allein mit ihrem Leiden klarkommen und dass sie niemanden zum Reden haben, kein Ventil für ihren Schmerz. Manche durchleben diese Phase und kommen gestärkt daraus hervor, aber für viele kann dieses Unterdrücken von Schmerz fatale

Folgen haben. Die Statistiken zu Männern und psychischen Problemen jeglicher Art sind ziemlich schockierend. Das sollte landesweit, wenn nicht global für Aufsehen sorgen. Hier sind ein paar Statistiken aus dem Men's Health Forum aus dem Jahr 2017:[8]

- Männer begehen circa drei von vier Suiziden (76 Prozent).
- Suizid ist die am weitesten verbreitete Todesursache bei Männern unter fünfunddreißig.
- 12,5 Prozent aller Männer (also mehr als einer von zehn) leiden unter einer der weit verbreiteten psychischen Störungen (zum Beispiel Angstzustände, Panik, Depressionen, Bipolare Störungen, Drogenmissbrauch und andere Süchte).
- Die Rate der Depressionen bei Männern wird auf 8 Prozent geschätzt (12 Prozent bei Frauen). Männer jedoch suchen sich seltener professionelle Hilfe oder nehmen Hilfsangebote für psychische Probleme wahr. Zudem wird berichtet, dass Männer weniger Zugang zu sozialer Unterstützung durch Verwandte, Freunde oder in ihren lokalen Communitys haben.

Hier folgen weitere Statistiken, diesmal bezogen auf jüngere Leute und junge Erwachsene, von Young Minds, der größten Wohltätigkeitsorganisation des Vereinigten Königreichs für die psychischen Probleme junger Menschen und Kinder:

- Einer von fünf jungen Erwachsenen hat eine diagnostizierbare psychische Störung (eines von zehn Kindern).
- Ein junger Mensch von zwölf wird sich an einem Punkt seines Lebens selbst verletzen.
- Jede dritte psychische Störung bei Erwachsenen hängt direkt mit einer schwierigen oder traumatischen Erfahrung in der Kindheit zusammen.

Ich habe noch weitere interessante statistische Zahlen herausgesucht – zwar nicht speziell zur psychischen Gesundheit, aber sie zeigen weitere Faktoren auf, die zu psychischen Problemen führen können und die Lebensrealität vieler Männer in der modernen Gesellschaft abbilden.

- 87 Prozent der Obdachlosen sind Männer.
- Männer sind dreimal so anfällig für Alkoholismus und auch dreimal so anfällig (wie Frauen) für häufigen Konsum von Drogen.
- Männer stellen 95 Prozent der Gefängnisinsassen.

»Ich glaube, dass Männer durchschnittlich eher zu extremer Gewalt oder gewalttätigem Verhalten neigen und dass Suizid auch eine Form gewalttätigen Verhaltens ist.« *Matt*

In einem Artikel in *The British Psychological Society* untersuchen Swani, Payyne und Stanistreet eine Beziehung, die oft vernachlässigt wird. Und zwar die Beziehung zwischen Aggressionen und Suizid.

Sie argumentieren, dass Frauen zwar hohe Raten von versuchtem Suizid aufweisen, aber dass in Bezug auf vollzogene Suizide zwischen Männern und Frauen ein wichtiger Unterschied besteht, der mit der verwendeten Methode zusammenhängt. Männer wählen eher gewaltvolle Arten mit höherer Sterblichkeit wie etwa Suizid durch Schusswaffen oder Erhängen. Diese Formen gehen einher mit den dominanten Konstrukten von Männlichkeit, die Aggressivität und Stärke vorschreiben.[9]

Das suggeriert, dass bei Männern Aggressivität, mit der sie sozialisiert werden, nicht nur zu psychischen Problemen führt, sondern sie auch im Vergleich zu Frauen daran hindert, Suizidversuche zu überleben. Auf diese Weise sind Aggression, Gewalt und psychische Gesundheit miteinander verwoben.

Wenn wir über patriarchale Gesellschaften reden, müssen wir den Fokus darauf legen, wie Frauen von dem System unterdrückt werden. Trotzdem ist der Gedanke, dass Männer in jeglicher Hinsicht davon profitieren, irreführend. Klar ist, dass Männer darunter leiden. Es ist fast schon eine nationale Epidemie. Toxische Männlichkeit lebt von dem Teufelskreis, zu dem Männer selbst beitragen, unter dem sie aber auch leiden. Da wir unterdrückende Strukturen nicht über Nacht zerstören können, sollte es Strategien und Interventionen für Männer und auch Frauen geben, um besser mit psychischen Problemen umgehen zu lernen. Medien und Popkultur spielen dabei eine große Rolle in der Gesellschaft. Oft schreiben sie vor, dass Männer nicht über ihre Gefühle reden dürfen und in aller Stille psychisch und emotional zu leiden haben. Solange psychische Gesundheit tabuisiert wird, werden wichtige Themen wie Suizid übersehen und unter den Teppich gekehrt.

»Wenn Kerle Phasen von großem Stress durchlaufen und Dinge erleben, die sie zurückhalten und ihnen Schmerzen bereiten, dann behalten sie es oft für sich und erzählen ihren Partnern nichts davon. Es gibt Fälle von Männern, die sich suizidiert haben, und die Kinder und Ehefrauen haben nichts geahnt. Erst danach finden sie heraus, dass diese Männer keine Last für die Familie sein wollten.« *Jordan H*

PSYCHISCHE GESUNDHEIT
UND AUSTERITÄT

Alle Statistiken zu psychischer Gesundheit müssen im Kontext des aktuellen politischen und sozialen Klimas betrachtet werden. In *The Violence of Austerity* (zu Deutsch: »Die Gewalt der Austerität«) beschreibt Mary O'Hara, dass »Hilfestellungen im Bereich der psychischen Gesundheit im Vereinigten Königreich notorisch unterfinanziert sind und vernachlässigt werden, man bezeichnet sie auch als ›Aschenputtel-Dienstleistung‹«. Sie verweist auf die Statistiken des Center for Economic Performance, denen zufolge Hilfsleistungen für Probleme der psychischen Gesundheit 13 Prozent des Budgets des staatlichen britischen Gesundheitssystems (NHS) ausmachen, obwohl psychische Leiden 23 Prozent der verlorenen gesunden Jahre durch alle Krankheiten weltweit verursachen.[10] O'Hara verweist zudem auf die Zusammenhänge zwischen dem Beziehen von Sozialhilfe und der Entstehung psychischer Probleme. Die Gesellschaft kann einerseits die Ursache unserer schlechten Gesundheit sein und zudem unseren Zugang zu Behandlungen begrenzen aufgrund von Unterfinanzierung und Kürzungen von öffentlichen Hilfsleistungen.

Diese fortlaufende Unterfinanzierung kann dazu führen, dass Gemeinde- oder Jugendzentren über weniger Ressourcen verfügen. In dem Bericht »London's Lost Youth Services« von 2018 beschreibt ein Mitglied der Green Party, dass zwischen 2011 und 2018 das Budget der Dienstleistungen für Jugendliche um 44 Prozent gekürzt wurde, durchschnittlich hätten die Gemeinden im selben Zeitraum ihre Angebote für Heranwachsende um je anderthalb Millionen Pfund reduziert.[11] Der Mangel an Gemeindezentren korreliert mit wachsender Gewaltkriminalität. Für Aggressivität, Gewalt und psychische Gesundheit sind nicht nur Individuen verantwortlich.

Es ist auch die Aufgabe der Gesellschaft, jungen Männern dabei zu helfen, sich zu rehabilitieren.

PSYCHISCHE GESUNDHEIT UND DIE ÖFFENTLICHKEIT

Die psychische Gesundheit von Männern wird als Thema immer wichtiger und hat in den letzten Jahren von allerlei Organisationen und Institutionen sowie von den Medien und berühmten Persönlichkeiten die dringend benötigte Aufmerksamkeit erhalten. Der Grime-Künstler, Rapper und Unternehmer Stormzy, dessen Debütalbum Gang Signs & Prayer die Nummer 1 in den britischen Charts erreichte, brach mit dem Tabu, nicht über die eigene seelische Verfassung zu reden, besonders bei jüngeren Menschen. Das Album selbst berührt viele wesentliche Themen wie psychische Probleme, Angstzustände und Depressionen.

In der ersten Strophe des Eröffnungslieds »First Things First« heißt es: »Du hattest Streit mit deinem Mädchen / und ich habe gegen meine Depression gekämpft.« Diese Texte haben mich beeindruckt, insbesondere das Wort »Depression«. Ich hörte Stormzys Musik schon länger und habe seinen kometenhaften Aufstieg in der Musikindustrie miterlebt, aber ich hatte nicht erwartet, dass er sich in einem seiner Songs mal mit psychischen Problemen auseinandersetzen würde, aber es war gerade so wichtig, dass er genau das getan hat. Anschließend gab Stormzy *Channel 4 News*, dem *Guardian* und der *Jonathan Ross Show* Interviews und sprach über seine Erfahrungen mit Depressionen:

»Ich halte das Thema für sehr wichtig. Es muss darüber gesprochen werden. Ich weiß, es klingt wie ein Klischee, aber ich glaube, viele Kids sehen, was ich mache, und durchleben wahrscheinlich genau das Gleiche. Und die denken sich vielleicht dasselbe, was ich über andere Leute denke: ›Ich wette, du hast dich noch nie so gefühlt.‹«

Auch andere männliche Stars haben sich in den letzten Jahren zum Thema psychische Gesundheit zu Wort gemeldet. Der Rapper und Schauspieler Professor Green sprach über seine inneren Kämpfe in seiner Dokumentation *Suicide and Me* (zu Deutsch: »Der Selbstmord und ich«). Der Schauspieler Dwayne »The Rock« Johnson hat sich auch öffentlich zu seinen Problemen mit Depressionen bekannt, genauso wie der Bestsellerautor Matt Haig, der vor allem in seinen Büchern *Ziemlich gute Gründe, am Leben zu bleiben* und *Mach mal halblang – Anmerkungen zu unserem nervösen Planeten* seine Angstzustände und Depressionen verarbeitet.

Als Chester Bennington, der Leadsänger der US-amerikanischen Rockband Linkin Park, im Juli 2017 durch Suizid starb, gab es in den US-Medien und auf der ganzen Welt einen Aufschrei. Alle waren geschockt. Chester hatte kurz vor seinem Tod in Interviews über seine seelischen Kämpfe und seine Suizidgedanken gesprochen. Er hatte darüber auch Songs für Linkin Park geschrieben. Genau mit dieser Musik hatte ich mich auch als Teenager und Heranwachsender identifiziert. An meinen schlimmsten Tagen hörte ich die Songs, in der Hoffnung, nicht allein zu sein. Als die Nachricht durchsickerte, dass Chester sich suizidiert hatte, sah ich, dass meine männlichen Freunde ihm in den sozialen Medien Posts widmeten, in denen sie davon sprachen, dass er und die Musik seiner Band ihnen geholfen hatten. In diesem Moment realisierte ich, dass viele von uns Jungs auf dem Weg zum Erwachsensein die gleichen Probleme durchlaufen.

Neben Chester Bennington waren auch viele andere große männliche Stars in den letzten Jahren durch Suizid gestorben: Dazu gehören der weltberühmte US-amerikanische Schauspieler Robin Williams, der Fernsehkoch Anthony Bourdain, der südkoreanische Singer-Songwriter Kim Jonghyun, der britische Modedesigner Alexander McQueen, der walisische ehemalige Profifußballer und Manager Gary Speed, der US-amerikanische Fernsehmoderator und Produzent Don Cornelius und der US-amerikanische Schauspieler Lee Thompson – um nur einige zu nennen.

Die Männer waren unterschiedlich alt und hatten die verschiedensten kulturellen Hintergründe, sie gehörten unterschiedlichen ethnischen Identitäten an und litten nicht alle an denselben psychischen Problemen. Sie waren auch Männer, die als erfolgreich galten. Der Gedanke, dass Erfolg dich automatisch vor Depressionen schützt, ist absolut fehlgeleitet und führt zu einer weiteren Stigmatisierung psychischer Probleme, weil so getan wird, als könnte man sich einfach wieder rauswinden, sobald es im Leben wieder einigermaßen »gut« läuft. Und so internalisieren Leute diese Stigmata und verdrängen auch ihre eigenen psychischen Krankheiten. Dabei kann jede Person aus jeder Gesellschaftsschicht betroffen sein.

»Oft frage ich meine männlichen Freunde: ›Wie geht's dir?‹ So ganz locker nebenbei. Die Antwort: ›Gut.‹ Und dann frage ich sie noch mal. Und dann noch ein drittes Mal. Und dann muss ich mich auf eine stundenlange Antwort gefasst machen. Ich sage all meinen Freunden immer, fragt einen Kerl einfach dreimal, wie es ihm geht, und normalerweise bekommst du beim dritten Mal die richtige Antwort. Denn ›Wie geht's dir?‹ kann wie eine sehr belanglose Frage rüberkommen. Ich glaube nicht, dass es in unserer Verantwortung ist. Ich glaube, als Frauen haben wir schon genug Probleme.

Aber im menschlichen Sinne ist es definitiv eine Zuwendung, die es wert ist.« *Julie*

Männern fehlt oft die emotionale Sprache, um ihre Gefühle auszudrücken. Egal ob in Freundschaften, gegenüber der Familie oder den Liebsten. Deswegen profitieren wir ungemein von respektierten bekannten Stimmen, vor allem von Männern, wenn sie offen über ihre seelischen Nöte reden. Zu hören, dass es anderen genauso ergeht, hilft einem, das Gespräch zu eröffnen, gerade, wenn eine Krankheit, die lange Zeit tabuisiert wurde, so endlich humanisiert und normalisiert wird.

In der Regel verstärken Vorstellungen von Männlichkeit den Glauben daran, dass Männer nicht an psychischen Problemen wie Angstzuständen oder Depressionen leiden können oder zumindest nicht sollten, weil sie dadurch schwach erscheinen. Prominente und respektierte Männer und Persönlichkeiten des öffentlichen Lebens helfen uns zu verstehen, dass viele von uns dasselbe durchmachen. Dabei überbrücken sie auch die Kluft zwischen psychischer Gesundheit und männlicher Identität. Selbst sie jedoch erhalten viel Gegenwind, manchmal werden sie aufgefordert, sich zusammenzureißen.

Zum Beispiel twitterte der Journalist und Fernsehmoderator Piers Morgan im Jahr 2017 als Antwort auf neue Statistiken zu dem Thema: »34 Millionen Erwachsene in Großbritannien sind psychisch krank? Großbritannien, reiß dich zusammen, Leute, konzentriert euch auf diejenigen, die WIRKLICH Hilfe brauchen.«

Oft ist es schwierig, sich zu öffnen und mit den Menschen um einen herum offen zu sprechen. Wenn also ein großer Star oder einfach nur eine wildfremde Person sagt, dass sie das Gleiche durchmacht, also an Angstzuständen, Depressionen oder Hoffnungslosigkeit leidet, sagt es uns, dass unsere Gefühle gerechtfertigt und zulässig sind. Es ist normal und o.k., sich so zu fühlen, weil jemand, den man bewundert, genau dieselben Erfahrungen macht. Es gibt dir auch Hoffnung, wenn diese Person ihre Probleme vielleicht sogar schon überwunden hat – es gibt dir das Gefühl, dass du es auch schaffen kannst. Aber so schädliche Kommentare von anderen Prominenten, die dann einfach trotzig dazu aufrufen, man möge sich zusammenreißen, können wiederum verhindern, dass Leute sich die nötige Hilfe holen.

Die große Besorgnis über psychische Gesundheitsprobleme, wenn in den Medien wieder mal eine große Story zu einem Star veröffentlicht wird, der sich als psychisch krank outet, ist ein guter Anfang. Aber das gleiche Maß an Aufmerksamkeit, Empathie und Fürsorge sollte auch auf alle Betroffenen außerhalb der öffentlichen Sphäre ausgedehnt werden.

Es gibt eine Reihe von Gründen, warum sich eine Person zu einem Suizid entschließen kann. Es ist oft multikausal und unklar für andere, manchmal sogar für die leidende Person selbst. Bei vielen Männern können ihre Probleme auf internalisierte Wut zurückzuführen sein, die aus einem bestehenden Trauma resultiert wie etwa Missbrauch oder Gefühle von krasser Hoffnungslosigkeit und Unfähigkeit (oder mangelnde Motivation), mit dem Leben klarzukommen. Depressionen eben.

Dennoch ist es wichtig, dass Betroffene das Gefühl haben, sie werden unterstützt, bevor psychische Gesundheitsprobleme krisenhaft ausarten. Wohltätigkeitsorganisationen wie Young Minds kämpfen dafür, schon in früheren Lebensabschnitten an Präventionsstrategien zu denken, weil junge Menschen besonders anfällig für psychische Probleme sind.

Das Stigma, das Männer daran hindert, über psychische Probleme zu sprechen, wird sich erst auflösen, wenn Männer, die darunter leiden, nicht mehr beschämt und zum Verstummen gebracht werden. Wir brauchen mehr Männer, die offen und ausdrucks-stark über ihre Erfahrungen und Probleme mit seelischen Nöten sprechen. Dazu gehören aber auch ganz normale alltägliche Erlebnisse, nicht nur die großen Kämpfe. Je mehr Männern und Jungen der Raum gegeben wird, sich auch mal emotional ausdrücken zu können, ohne direkt verurteilt zu werden (insbesondere von anderen Männern), desto eher werden wir eine positive Veränderung sehen. Es muss von Kindheit an geschehen. In der Dokumentation über Jugend und Männlichkeit namens *The Mask You Live In* (zu Deutsch: »Die Maske, mit der du lebst«) merkt Dr. Niobe Way an: »Der Zeitpunkt, ab dem die Emotionalität im Narrativ der Jungs verschwindet, korreliert mit dem statistischen Anstieg der Suizidrate von Jungen auf das Fünffache von Mädchen.«

Gedichte zu schreiben oder ein Tagebuch zu führen, hat mir sehr bei meinen eigenen seelischen Problemen geholfen, mich auszudrücken und meine Gedanken zu verstehen. Immer wenn ich dachte, ich hätte niemanden zum Reden, oder mich einfach unwohl damit fühlte, mit jemand anderem zu sprechen – hauptsächlich, weil ich besorgt war, verurteilt oder nicht verstanden zu werden –, schrieb ich Tagebuch. Durch das Schreiben habe ich mich ausgedrückt, und das trug dazu bei, obwohl es keine finale Lösung war, einige der Belastungen, mit denen ich damals konfrontiert war, zu lindern.

Viele Männer brauchen so ein Ventil, um sich auszudrücken. Außerdem benötigen sie Unterstützung durch ihr Umfeld. Wir müssen aufhören, psychische Probleme und alle Krankheiten, die darunter subsumiert werden, wie Depressionen und Selbstmord, als Einzelfälle zu behandeln. Stattdessen sollten wir einander unterstützen. Ohne uns gegenseitig zu verurteilen, sollten wir geschützte Räume schaffen und uns dort mit Liebe begegnen. Vor allem müssen wir die Kürzungen im Gesundheitswesen bekämpfen und uns dafür einsetzen, dass jede Person einen angemessenen Zugang zu einer Behandlung bekommt, die oft Leben retten kann.

3

WHAT'S LOVE GOT TO DO WITH IT?:

LIEBE, SEX UND EINVERNEHMLICHKEIT

»Wenn Gefühle als so schwach gelten, warum sind wir diejenigen, die vor ihnen wegrennen.« *Rhael*

Ich bin mit Lovesongs aufgewachsen: R'n'B, Schmusesongs, Soul, Pop, kongolesischer Rhumba, Musik kurz nach der Jahrtausendwende. Es war ganz normal, dass es in diesen Songs um Liebe, Sehnsucht und Herzschmerz ging. Musiker wie Jagged Edge, Joe, Boyz II Men, Backstreet Boys, *NSYNC, Eternal, Destiny's Child, En Vogue, Marvin Gaye, Okay Jazz, Papa Wemba, Shola Ama, Craig David, Another Level, Daniel Bedingfield oder Maxwell liefen rauf und runter bei mir. Ich hab mir total gerne »End of the Road« von Boyz II Men angehört und mitgesungen, als hätte ich selbst gerade eine Trennung erlebt. Bei dem Song »Let's Get Married« von Jagged Edge stellte ich mir vor, bei meiner Hochzeit zum Altar zu schreiten. Es war schlicht unmöglich, dieser Kultur der romantischen Liebe zu entkommen.

In der Grundschule war ich so verknallt in eine Klassenkameradin, die im selben Block ein paar Wohnungen unter uns wohnte. Eines Frühlingsmorgens entschloss ich mich dazu, ihr einen Brief zu schreiben, in dem ich ihr meine Gefühle offenbarte. Ich faltete den Brief zu einem Papierflugzeug zusammen und warf ihn ganz sanft ab, damit er auf ihrem Balkon landete. Doch der Flieger verfehlte sein Ziel und landete im Gemeinschaftsgarten. Also schrieb ich noch einen. Ich schrieb und warf und verfehlte, bis schließlich mein zehnter Liebesbriefpapierflieger auf ihrem Balkon ankam. Ein paar Stunden später ging sie mit ihrem Hund Gassi. Voller Vorfreude wartete ich darauf, dass sie zurückkehrte, um zu sehen, wie sie auf meinen Brief reagieren würde.

Später fand ich heraus, dass der Hausmeister die Briefe weggeworfen hatte, bevor mein Schwarm sie finden konnte. Ich verbrachte viele Abende damit, auf ihren Balkon zu gucken, und fragte mich, ob sie es wusste. Lange versuchte ich, den Mut aufzubringen, ihr meine Liebe zu gestehen, schaffte es jedoch nie.

Rückblickend wird mir klar, dass all die Lovesongs, mit denen ich als kleiner Junge aufgewachsen bin, in mir emotionale Empathie und eine Offenheit für das Ausdrücken von Gefühlen gefördert hatten. Im Teenie-Alter wurde all das aber wieder radikal zerstört. Eigentlich war ich ein Kind, das seine Gefühle offen ausdrückte, so wie die anderen Jungs in meiner Grundschule. Aber auf der weiterführenden Schule begann ich zu behaupten, dass mich Liebe überhaupt nicht interessiere, dass ich keine Gefühle hätte, dass diese nur etwas für Weicheier seien. Irgendwie bin ich zu einem Mann mit sehr harter Schale herangewachsen, so wie viele meiner Freunde aus Kindertagen. Die männliche Erfahrung hat natürlich viele Facetten, aber als heterosexuelle Männer wurden wir geradezu von der Liebe wegsozialisiert, während Frauen zur Liebe hinsozialisiert wurden.

Unter Sozialisierung von der Liebe weg meine ich, dass Empathie nicht mehr die Norm oder etwas Erstrebenswertes ist für Männer, während emotionale Distanz ein erwünschtes Ideal darstellt.

Frauen tendieren dazu, zur Liebe hinsozialisiert zu werden, zumindest zu einer bestimmten Vorstellung von Liebe. Dadurch werden traditionelle Geschlechterrollen untermauert. Im jungen Alter werden Frauen von ihren Familien oder der Gesellschaft darauf vorbereitet, jemandes Frau zu werden. Sie werden domestiziert, das heißt, ihnen wird beigebracht und von ihnen wird erwartet, zu kochen und zu putzen. Das hat oft weniger mit Eigenversorgung zu tun, sondern damit, eine »gute Ehefrau« für einen potenziellen zukünftigen Ehemann zu werden. Das kann so weit führen, dass ein Junge und ein Mädchen im selben Haushalt groß werden, und sobald sie erwachsen und unabhängig sind, kann das Mädchen den Haushalt selbstständig bewältigen, während der Junge keinen Plan hat. Neben dieser körperlichen Arbeit, die Frauen verrichten müssen, leisten sie auch emotionale Arbeit, indem sie oft auch ihre eigenen Ziele und Ambitionen opfern und sich Männern unterordnen, damit diese sich stärker oder intelligenter fühlen können.

PLAYERS ONLY

In der Liebe, in Beziehungen und beim Sex genießen Männer einige Privilegien. Dieselben sexuellen Verhaltensweisen, für die eine Frau geächtet wird, werden bei Männern nicht nur akzeptiert, sie werden gar zelebriert. Ein gutes Beispiel sind Männer, bei denen öffentlich bekannt wird, dass sie fremdgegangen sind: Ihnen wird viel schneller von der Gesellschaft verziehen, während Frauen als fremdgehende Luder verunglimpft werden. Der Mythos, dass Männer einen höheren Sex-Drive hätten, wird oft als Ausrede für ihr Verhalten benutzt, während Frauen, die untreu sind, oftmals als gebrandmarkt, befleckt gelten, ohne Aussicht auf Vergebung. Single-

Männer mit verschiedenen flüchtigen Sexpartnerinnen gelten als Player, als Casanovas, als Weiberhelden, Herzensbrecher oder Womanizer, während Frauen als Fotzen, Huren, Schlampen, Nutten, Luder, Flittchen, Dirne und so weiter beleidigt werden. Die Liste ist endlos und es scheinen immer neue Wörter dazuzukommen.

Manche Frauen haben versucht, diese Fremdbezeichnungen zu vereinnahmen. Da gibt es zum Beispiel Amber Rose, die 2011 den »SlutWalk« (zu Deutsch: »Schlampen-Marsch«) ins Leben gerufen hat; eine Bewegung, die die Vergewaltigungskultur, die Beschuldigung der Opfer und das Ächten sexuell freizügiger Lebensstile (Slutshaming) beenden möchte.

Frauenfeindliche Beleidigungen existieren, um weibliche Personen zu entmachten und zu beschämen, dabei wird ihnen das Recht darauf genommen, sexuelle Wesen zu sein. Während Männer immer mehr Kontrolle über Sex erhalten, denn »in der Welt dreht sich alles um Sex, außer beim Sex, da dreht sich alles um Macht«. Letzten Endes ist das Verunglimpfen von Personen, weil sie einvernehmlichen Sex haben, meist nur ein weiterer Weg von Männern, die unterdrückenden Geschlechterrollen zu verstärken.

SEX ALS EINSTIEG IN DIE MÄNNLICHKEIT

»Ich möchte kein Ritual, um ein Mann zu werden, das kann ich mir für mich einfach nicht vorstellen.« *Tom*

Männer und Frauen haben unterschiedliche Erwartungshaltungen an Sex. Beide werden unter Druck gesetzt, Sex zu haben, aber auf verschiedene Weise. Schon früh wird Jungs nahegelegt, an Sex zu denken und dann auch so schnell wie möglich sexuell aktiv zu werden. Es sind oft andere Jungs oder andere Männer, die Jungs unter Druck setzen, Sex zu haben, als eine Art Initiationsritus. Bis zu einem gewissen Alter muss ein Junge einfach Sex gehabt haben, so die Erwartung. Bei Mädchen gilt oft, dass sie »rein« bleiben sollen, sprich Jungfrauen, und zwar so lange wie irgend möglich, manchmal bis zur Hochzeit. Diese Perspektive hängt auch von verschiedenen kulturellen Normen und Erwartungen ab.

Der Druck, unter dem Jungs stehen, früh Sex zu haben, kann dazu führen, dass wir einen blinden Fleck bekommen für Fälle, in denen minderjährige Jungs Sex mit Erwachsenen haben. In Deutschland liegt das uneingeschränkte Schutzalter bei vierzehn Jahren, in bestimmten Ausnahmen jedoch auch bei sechzehn (sexuelle Handlungen mit über Einundzwanzigjährigen) respektive achtzehn Jahren (sexuelle Handlungen mit Erziehern, Betreuern oder innerhalb eines Arbeitsverhältnisses), in England und Wales liegt das Schutzalter bei sechzehn Jahren respektive achtzehn Jahren (sexuelle Handlungen mit einer Vertrauensperson).[1] Wenn etwa ein Junge, der jünger als das Schutzalter ist, Sex mit einem älteren Mädchen oder einer Frau hat, kriegen wir es als Gesellschaft oft nicht hin, es als Missbrauch oder Vergewaltigung zu bezeichnen. Unserer Vorurteile über Männlichkeit wegen glauben wir, dass Jungs von älteren Frauen nicht sexuell missbraucht werden können. Tatsächlich gilt sogar, je jünger der Kerl, desto mehr hat er gerissen, desto »männlicher« ist er sogar, wenn er Sex mit einem älteren Mädchen oder einer Frau gehabt haben sollte. Lob dafür kommt oft von älteren Männern.

In einem Interview mit der *Daily Mail* aus dem Jahre 2013 verriet der US-amerikanische Sänger und Schauspieler Chris Brown, dass er gerade mal acht Jahre alt war, als er seine »Jungfräulichkeit« verlor, und verglich sich selbst mit Prince.[2] Brown erzählte, dass er seine »Jungfräulichkeit« an ein Mädchen verlor, das vierzehn oder fünfzehn war, und dass er in dem Alter schon Pornos geguckt habe. Wie die Medien damit umgegangen sind, ist bezeichnend. Alle übernahmen das Narrativ, er hätte seine Jungfräulichkeit mit acht verloren. Nirgendwo hieß es, er sei vergewaltigt, geschändet oder einfach nur missbraucht worden. Wenn ein achtjähriges Mädchen mit einem Vierzehn- oder Fünfzehnjährigen schläft, gilt das als sexueller Missbrauch von Kindern – wie anders ist hier jedoch die Reaktion und Sprache in Bezug auf einen achtjährigen Jungen. Das zeigt uns, dass früher Sex für Jungs als aufregende Herausforderung gesehen wird, als etwas, das man feiert, anstatt es kritisch zu betrachten.

Chris Brown meinte weiter: »Es schon mit acht draufzuhaben, hat mich auf die Langstrecke vorbereitet, da wirst du zum Biest. (...) Wenn Frauen mit mir schlafen, gibt es da meistens keine Beschwerden. Sie können sich nicht beklagen. Ich mach das gut.« Dieses Zitat zeigt, wie Chris Brown bereits in sehr jungem und zartem Alter nicht nur Sex ausgesetzt war, sondern auch mit der Vorstellung konfrontiert wurde, Frauen sexuell befriedigen zu müssen. Es zeigt auch auf, wie sehr der Wert und die Identität eines Mannes davon abhängen, ob er gut im Bett ist. Sex gilt als der Gipfel der Interaktion mit einer Frau, womit der Mann wiederum seine Männlichkeit unterstreicht.

PORNOS ALS VORBILD
FÜR DAS ECHTE LEBEN

»Viele Leute lernen durch Pornos, wie man Sex hat.« *Julie*

Das Konzept von Sex als unverzichtbarem Initiationsritual für Männlichkeit existiert seit Jahrhunderten. Die moderne Technologie, mittels derer heute sexuelle Inhalte einfacher konsumiert werden können, hat es jedoch noch verschärft. Mehr Männer denn je schauen Pornos, und Jungs werden immer früher diesen Inhalten ausgesetzt. Das führt bei vielen zu Sexsucht, Problemen mit Intimität, ein Verlangen nach Isolation oder zerbrochenen Beziehungen. Viele junge Menschen werden nur noch mittels Pornos sexuell aufgeklärt, was die Ursache vieler dieser Probleme zu sein scheint.

Berichten zufolge haben 90 Prozent der Jungs schon vor ihrem achtzehnten Lebensjahr einen Porno geguckt. Im Durchschnitt sehen Jungs mit elf Jahren erstmals pornografische Inhalte. Außerdem konsumieren Männer eher Pornos als Frauen (was nicht heißen soll, dass Frauen sich nicht für Pornos interessieren. Statistiken zufolge sind ein Drittel der Pornokonsument*innen weiblich).[3] In der Londoner Klinik One Harley Street haben sich die Überweisungen wegen Pornosucht in den letzten sechs Jahren verdoppelt.[4]

Der ehemalige NFL-Star und Schauspieler Terry Crews, bekannt aus Erfolgsserien wie *Alle hassen Chris* oder *Brooklyn Nine-Nine*, erzählte 2014 in einem Livestream auf Facebook, der von über drei Millionen Menschen geguckt wurde, dass Pornos sein Leben ruiniert hätten. Er meinte Folgendes:

»Manche Leute sagen: ›Alter, du kannst gar nicht süchtig nach Pornos sein!‹, und ich werd euch was sagen: Wenn der Tag zur Nacht wird, und du guckst immer noch, hast du wahrscheinlich ein Problem. Und so erging es mir. Pornos verändern die Art, wie du über Leute denkst. Menschen werden zu Objekten. Leute werden zu Körperteilen. Sie werden zu Dingen, die benutzt und nicht geliebt werden.«

Eine Menge der pornografischen Inhalte setzen die sexuellen Fantasien und Bedürfnisse von Männern in den Mittelpunkt. Da werden sehr oft frauenfeindliche und rassistische Klischees bedient. Pornografie ist kein realistisches Abbild des Sex, den durchschnittliche Menschen haben. Auch die Körper sind absolut unrealistisch. Außerdem sind Pornos über die Jahre hinweg noch gewalttätiger und frauenfeindlicher geworden.

Wie Pornos unseren Alltag prägen, merken wir an der Sprache, die wir für Sex verwenden. Hier einige Beispiele, die Männer benutzen, wenn sie über Sex mit einer weiblichen Person sprechen: Er hat sie weggeballert, zerfetzt, geknallt, gebumst, flachgelegt, gepoppt, gepudert, rangenommen oder umgelegt – um nur ein paar zu nennen. Die Sprache ist oft brutal. Diese Sprache in Bezug auf Sex nimmt dem Akt die Intimität und entmenschlicht ihn. Sex wird zu einer einfachen Handlung, in seiner am stärksten reduzierten Form als etwas Physisches und Aggressives, es wird so geframt, dass der Mann es der Frau antut, anstatt eines gegenseitigen Austausches, etwas, was der Frau ebenso gefällt.

JUNGFRÄULICHKEIT UND INCELS

Im Jahr 2014 verübte ein zweiundzwanzigjähriger Mann namens Elliot Rodgers aus Santa Barbara in Kalifornien einen Amoklauf, bei dem sechs Menschen ermordet und vierzehn verletzt wurden. Er hinterließ eine Reihe von Videos und ein auf YouTube hochgeladenes »Manifest« mit dem Titel »Rodgers' Retribution«. In diesem Video offenbarte sich Rodgers, Hass auf Frauen. Dieser Hass resultierte daraus, dass er sich von Frauen abgelehnt fühlte, die mit anderen Männern sexuell aktiv waren. Er drückte auch tiefe Verbitterung über seinen Status als Jungfrau aus und beschrieb letztendlich die tödlichen Schüsse, die er vorhatte auszuführen, als Strafe dafür.

Kurz nachdem die Nachricht von seinem Amoklauf bekannt wurde, wurde Rodgers von Medien, sozialen Netzwerken und der Online-Welt als Teil der Incel-Kultur identifiziert, hauptsächlich auf Basis seiner eigenen Videos. Er wurde von einigen als Held und von anderen als Monster bezeichnet. Incels definieren sich selbst als »unfreiwillig enthaltsam«, sie stellen größtenteils eine Online-Subkultur dar, deren Intensität in den letzten Jahren zugenommen hat. Obgleich diese Kultur ein erschreckendes Männerbild pflegt, passt sie leider perfekt in die moderne toxische Männlichkeit.

Incels glauben, dass sie bestimmte Rechte haben als sexuell aktive Männer: Rechte, die in starkem Kontrast zu denen stehen, die sie Frauen gewähren. Sie glauben an die Umverteilung von Sex, derzufolge Männer einen Anspruch und ein Anrecht darauf hätten, Sex von Frauen zu erhalten, und das nach Belieben und auf Anfrage der Männer.

Unsere erste Reaktion könnte darin bestehen, zu argumentieren, dass kein Mensch wirklich glauben kann, er oder sie hätte Anspruch auf den Körper eines anderen Menschen. Frauenfeindlichkeit und Vergewaltigungskultur leben jedoch von der Idee, dass

Männer Anspruch auf Frauenkörper erheben: Diese Idee wurde im Laufe der Geschichte vom Patriarchat verstärkt, und zwar solange wir uns erinnern können.

Heutzutage nimmt die Vergewaltigungskultur eine andere Form an, versteckt in Popsongs oder als Botschaften, verbrämt als »Comedy« in TV-Programmen. Der uralte und schädliche Glaube ist immer noch da. Schlagzeilen in den Medien verwenden eine entmenschlichende Sprache, wenn sie über Frauen berichten, und wir fragen uns, warum Menschen wenig aufgeklärt sind in Bezug auf Frauenfeindlichkeit und Vergewaltigungskultur. Die geringe Aufklärung durch Gespräche mit Frauen, Eltern oder Lehrkräften wird häufig durch die Normalisierung toxischer Männlichkeit im Mainstream zunichtegemacht. Die Medien, das liberale Hollywood und die Musikindustrie werden sich natürlich über einen Vorfall wie die Schießerei von Rodgers empören, aber sie verurteilen und reflektieren kaum die Rolle, die die Populärkultur spielt, zu der auch ihre Filme, Fernsehprogramme und Lieder gehören.

Die Tatsache, dass Incels von der Online-Sphäre in das wirkliche Leben überwechseln, spiegelt unsere heutige gefährliche Ära wider, in der das Risiko einer zunehmend misogynen Gewaltkultur mit fatalen Folgen Frauen gegenüber wächst. Die Medien charakterisierten Rodgers' Angriff als Ursache psychischer Probleme. (In Kapitel 5 diskutiere ich die Probleme medialer Charakterisierungen politischer Gewaltakte von »einsamen Wölfen«.)

Obwohl viele nicht bestreiten würden, dass Rodgers unter irgendwelchen psychischen Problemen litt, bleibt die Tatsache bestehen, dass es kein vergleichbares dokumentiertes Aufkommen von Frauen mit psychischen Problemen gibt, die Massenmorde an Männern verübt haben.

Wir haben in Kapitel 1 über Männlichkeitsmythen und die Floskel »Männer sind Müll« gesprochen. Dass Frauen diesen Satz verwendet haben, hat einen öffentlichen Aufschrei ausgelöst, der Männer dazu brachte, zu verkünden, die Männlichkeit befände sich »in der Krise« und müsse geschützt werden. Aber: Frauen, die sich gegen frauenfeindliche gesellschaftliche Normen aussprechen, haben nicht dazu geführt, dass Frauen Massenmorde an Männern verüben.

Es ist keineswegs ein ebenbürtiger Austausch auf Augenhöhe, wie einige Männer behaupten. Je mehr misogyne Gewalt gegen Frauen auf eine individuelle »Einsamer Wolf«-Mentalität zurückgeführt wird anstatt auf weitverbreitete schädliche Ideologien, desto geringer ist die Chance, sie zu überwinden. Der Angriff von Elliot Rodgers war abscheulich, aber hier sehen wir, dass Vergewaltigungskultur, Frauenfeindlichkeit und das Patriarchat dazu führen, dass einige Männer am Ende verlieren – Rodgers starb am Ort des Geschehens durch Suizid.

VERGEWALTIGUNGSKULTUR UND EINVERNEHMLICHKEIT

»In der Vergewaltigungskultur geht es nicht darum, dass einzelne Männer schreckliche sexuelle Übergriffe begehen, sondern darum, wie Männer überall auf der Welt sich mitschuldig machen, indem sie anderen Männern erlauben, diese Verbrechen zu begehen.« *Elrick*

Die Tatsache, dass es Incels gibt, wirft Fragen zur Rape Culture auf: Fehlgeleitete Vorstellungen von Einvernehmlichkeit und Zustimmung spielen dabei eine entscheidende Rolle. Nach der #MeToo-Bewegung haben viele argumentiert, dass das Gespräch über Einvernehmlichkeit in jungen Jahren beginnen muss: Meiner Ansicht nach sollte es als Teil von Sexualkunde unterrichtet werden.

Im *Oxford Dictionary* wird »consent«, also »Zustimmung« oder »Einwilligung«, wie folgt definiert: die Erlaubnis, dass etwas passieren kann, oder das Einverständnis, etwas zu tun. In Bezug auf Sex bedeutet dies, aktiv sexuellen Handlungen mit jemandem zuzustimmen. Es ist wichtig zu betonen, dass Zustimmung das Vorhandensein eines Jas ist; nicht das Fehlen eines Neins, was bedeutet, dass, wenn jemand nicht Nein sagt, er oder sie nicht automatisch Ja gesagt hat. Es gibt viele Möglichkeiten, in denen Menschen regelrecht einfrieren und nicht laut »Nein« sagen können.

Der Psychologe James Hopper argumentiert: »Inmitten sexueller Übergriffe dominiert die Angstschaltung des Gehirns. (…) Freezing (Einfrieren) ist eine neuronale Reaktion auf das Erkennen von Gefahren. Man denke an Rehe im Scheinwerferlicht.«[5] Viele Opfer sexueller Übergriffe haben ihre Reaktionen auch so beschrieben. Die Frage der Einwilligung erstreckt sich über Vergewaltigung hinaus auf alltägliche Interaktionen, beispielsweise unangemessene Berührungen oder Hinterherpfeifen: Die Einvernehmlichkeit von Frauen wird täglich angegriffen, indem Männer ihre Macht missbrauchen.

Eine patriarchalische Gesellschaft lehrt Männer zwei bestimmte Dinge über Sex mit einer Frau:

1. Sex ist eine Transaktion – dieser Sex kann (vermeintlich legitimerweise) durch Kauf erworben werden. Stell dir zum Beispiel ein Szenario vor, in dem ein Mann glaubt, dass das Bezahlen bei einem Date zu Sex führen sollte. Oder, dass jede Art von materiellen oder finanziellen Zuwendungen für eine Frau – oder einfach nur nettes Verhalten ihr gegenüber – mit Sex belohnt werden sollten. Überwiegend verhalten sich Männer natürlich nicht in dieser extremen Form – aber dieses Denken ist immer noch weitverbreitet bei Männern. Vielleicht denken einige

nicht so, aber wer so denkt, versteht teilweise nicht mal die Verbindung zur Vergewaltigungskultur.

2. Sex ist verhandelbar – man kann beim Sex handeln oder feilschen. »Nein« muss nicht »Nein« bedeuten. Es bedeutet vielmehr, dass die Männer härter daran arbeiten müssen, damit die Frau »Ja« sagt. Dieses Denken zeigt sich insbesondere in Fernsehshows, romantischen Komödien und anderen Mainstream-Medien; am Ende gewinnt derjenige Mann, der hartnäckig ist, die Frau (dabei ist er eigentlich der Mann, der sie zermürbt und an ihrer Zustimmung oder Selbstbestimmung gerüttelt hat – was weit weniger romantisch und ideal klingt).

Es ist wichtig zu betonen, dass es nicht nur darum geht, ob ein Mann Sex bekommt oder nicht, sondern vielmehr um die Machtdynamik rund um den Sex. Zum Beispiel ist Sexarbeit ein Szenario, in dem Männer normalerweise Frauen für Sex bezahlen. Transaktion meint hier etwas anderes im Vergleich zu der Vorstellung, dass man sich Sex kaufen kann, wenn man bei dem Date für die Frau bezahlt. Zwar gibt es Probleme damit, dass Sexarbeit für Frauen unsicher ist – ein wichtiger Grund dafür ist, dass Sexarbeit kriminalisiert wird, was unsichere Arbeitsbedingungen verursacht –, dennoch ist es eine Form der Arbeit für viele Frauen, besonders für Frauen der Arbeiterklasse auf der ganzen Welt. Viele Männer lehnen es ab, zu Sexarbeiterinnen zu gehen, weil es ihre Männlichkeit gefährdet, eine Frau für Sex bezahlen zu müssen. Männer können aber gut mit dem Gedanken leben, dass sie nach einem Date Sex verdient haben.

Es ist paradox: Viele Männer möchten nicht öffentlich für Sex bezahlen und wollen, dass es so aussieht, als fühlte sich die Frau von ihnen sexuell angezogen und hätte auch ohne Geld Sex mit ihnen. Im selben Atemzug aber erwarten sie Sex, wenn sie bei einem Date mit einer Frau viel Geld ausgeben.

Der Gedanke, dass Sex verhandelbar ist, spiegelt sich auch in gewissen Wirtschaftszweigen wider, in denen besonders viele Vorfälle von sexuellen Übergriffen registriert werden.

Frauen, die schutzbedürftig, marginalisiert oder in prekären Arbeitssituationen ohne angemessene Vertretung sind, werden verhältnismäßig gesehen öfter missbraucht: In der Gesundheits- und Sozialarbeitsbranche werden 11,5 Prozent der Anzeigen wegen sexueller Belästigung gemeldet, zu großen Teilen, weil in diesen Sektoren vor allem Frauen arbeiten und insbesondere nichtweiße Frauen.[6]

Das Prinzip von Einwilligung und Einvernehmlichkeit ist für viele Männer schwer zu greifen, da es ein automatisches Anspruchsgefühl infrage stellt, bei dem Männer nicht das Gefühl haben, auf Zeichen der Frauen achten zu müssen. In einer Gesellschaft, in der Männern gesagt wird, dass ihnen die Körper von Frauen zugänglich sind, in der Frauenkörper oft als Unterhaltung von Männern dienen, kommt es ihnen nicht immer in den Sinn, Frauen um Erlaubnis zu bitten. Aber viele Männer scheinen die Bedeutung der Zustimmung zu verstehen, wenn es um Frauen in ihrem unmittelbaren Umfeld geht. Wie ihre Mütter, Schwestern, Töchter und so weiter. Einige Männer setzen sich stark für die Gleichstellung der Geschlechter und die Gleichbehandlung von Frauen ein, wenn sie Vater eines Mädchens werden (zumindest für ihre eigene Tochter). Väter warnen ihre Töchter oft vor übergriffigen Männern und Männern im Allgemeinen und sagen, dass sie auf der Hut sein sollen. Sie fühlen sich ihnen gegenüber verpflichtet, während ihnen genau diese Empathie und dieses Verständnis vorher wegsozialisiert wurde. Dieses »Verständnis« jedoch fußt zumeist auf einem Besitzanspruch gegenüber der Tochter. Männer sind sich des Verhaltens anderer Männer, selbst der Männer, die sie kennen, in Bezug auf Sex und das Machtgefälle in Beziehungen sehr bewusst.

Wenn keine Zustimmung gegeben wird, handelt es sich eindeutig um Vergewaltigung. Aber selbst wenn es keine Zustimmung gab, werden Vergewaltigungen oft infrage gestellt. Die folgenden Aussagen sind Beispiele für das, was Menschen oft sagen: Was hattest du an? Warst du betrunken? Hast du ihm falsche Hoffnungen gemacht? Warst du in einer Beziehung mit ihm? Damit wird die Verantwortung vom Täter auf das Opfer verlagert – es ist damit also Opferbeschuldigung. Stellen wir diese Fragen, wenn andere Verbrechen begangen werden? Wenn beispielsweise jemand seines Besitzes beraubt wird, wird er oder sie Dinge gefragt wie: Geht es dir gut? Wann ist es passiert? Und nicht: Was hattest du an? Oder: Hast du zu viel getrunken?

Durch die Annahme, dass Vergewaltigungen durch Sicherheitsmaßnahmen vermieden werden können, beispielsweise wenn man sich nicht »aufreizend« anzieht oder spät allein unterwegs oder betrunken ist, wird auch die Vorstellung gestärkt, dass Männer grundsätzlich übergriffige Raubtiere sind, als wäre Vergewaltigen Teil des Erbguts von Männern, sodass sie unter bestimmten Umständen gar nicht anders können. Außerdem verstärkt es erneut die Schuld der Opfer und verpflichtet die Frauen, zu vermeiden, zum Opfer zu werden, als wäre es ein unvermeidliches Schicksal für sie.

Die Statistiken über Vergewaltigungen in Großbritannien sind ziemlich angsteinflößend. Der »Rape Crisis England & Wales«-Bericht beinhaltet Folgendes:[7]

- In England und Wales werden jedes Jahr ungefähr 85 000 Frauen und 12 000 Männer vergewaltigt. Das entspricht 11 Vergewaltigungen pro Stunde.
- Jede fünfte Frau im Alter von sechzehn bis neunundfünfzig Jahren hat seit ihrem sechzehnten Lebensjahr sexuelle Gewalt erlebt.

- Ungefähr 90 Prozent der Vergewaltigten kannten die Person, die die Tat vollzogen hat, vor der Straftat.
- Ungefähr 15 Prozent derjenigen, die sexuelle Gewalt erfahren, melden sich bei der Polizei (nur eine von vierzehn Vergewaltigungen, die der Polizei gemeldet wurden, wird verurteilt).

Vergewaltigung ist ein Problem, das Frauen auf der ganzen Welt und Frauen jedes Alters betrifft. Männliche Vergewaltigungsopfer stellen ebenfalls ein sehr ernstes Problem dar. Oft wird dies übersehen, da Männer, die vergewaltigt werden, beschämt und verwirrt sind, weil die Tat ihre Männlichkeit gefährdet. Bei Männern heißt es, sie seien weniger Mann oder schwach oder komisch, weil sie Sex ablehnen oder körperlich überwältigt werden, weshalb Männer in vielen Fällen die Tat nicht einmal melden. Männer haben auch von Vorfällen erzählt, bei denen sie von der Polizei auf dem Revier nicht ernst genommen wurden.

In einer Storyline der britischen Seifenoper *Coronation Street* aus dem Jahr 2018 wurde eine der Hauptfiguren der Show, David Platt, gespielt von Schauspieler Jack Shephard, von seinem persönlichen Fitnesstrainer Josh Tucker, gespielt von dem Schauspieler und ehemaligen Rugbyspieler Ryan Clayton, vergewaltigt, nachdem sie zusammen feiern waren. Der Handlungsstrang fing Davids Gefühlswelt ein, seine Scham, (von einem Mann) vergewaltigt worden zu sein, und seine Angst (sich zudem mit HIV zu infizieren), seine Wut sowie seine Probleme, eine Anklage bei den Behörden geltend zu machen, und die Schwierigkeit, den Vergewaltiger mit seiner Tat zu konfrontieren. Die Geschichte war sehr aufschlussreich und hat vielen die Augen geöffnet und für viel Aufruhr und Diskussion gesorgt, da über dieses Thema so selten gesprochen wird, geschweige denn im landesweiten Fernsehen.

Der Schauspieler Ryan Clayton sagte gegenüber der Zeitung

The Sun Folgendes: »Es ist wirklich gut geschrieben, und die Art und Weise, wie sie die Organisation Survivors Manchester eingebunden haben, war auch gut, denn sie haben sehr eng zusammengearbeitet. Sie machen es so realistisch wie möglich.«[8]

Die Tatsache, dass die Serie mit echten männlichen Vergewaltigungsopfern zusammengearbeitet hat, macht die Storyline noch aussagekräftiger, da es nicht nur darum geht, eine kontroverse oder sensationelle Geschichte zu zeigen, was die Serie ja auch hätte machen können. Stattdessen ging es darum, die alltägliche Erfahrung realer Menschen darzustellen.

Vor einem halben Jahrhundert wurde männliche Vergewaltigung nicht einmal als real angesehen – etwas, was wir in Kapitel 6 diskutieren –, geschweige denn in einer nationalen Fernsehserie dargestellt.

Letzten Endes passieren Vergewaltigungen noch so häufig, weil wir in einer Gesellschaft leben, die die Vergewaltigungskultur normalisiert; sprich, wir bagatellisieren sexuellen Missbrauch. Wenn die Vergewaltigungsepidemie enden soll, müssen junge Menschen im Rahmen der Sexualkunde über die Zustimmung und Einvernehmlichkeit sprechen, und es muss Unterstützung für die Opfer geben und keine Opferbeschuldigung, sollte es doch zu Missbrauch kommen.

4

THIS IS A MAN'S WORLD:

DIE POLITIK HINTER DER MÄNNLICHKEIT UND MÄNNLICHKEIT HINTER DER POLITIK

Vorsicht! Jetzt kommt ein schlechter Witz. Was haben Benito Mussolini (der ehemalige Premierminister Italiens von 1922 bis 1943), General Augusto Pinochet (ehemaliger Präsident Chiles von 1974 bis 1990) und Mobutu Sese Seko (ehemaliger Präsident der DR Kongo von 1965 bis 1997) gemein? Sind es ihre hohen Haaransätze? Ihre hässlichen Hüte? Ihr etwas seltsamer Sinn für Mode? Das ist gar nicht so leicht zu beantworten. Was ist, wenn ich dieser Liste weitere Namen hinzufüge: Idi Amin (ehemaliger Präsident Ugandas von 1971 bis 1979), General Francisco Franco (ehemaliger Präsident von Spanien von 1939 bis 1975), Kim Jong-Il (ehemaliger Oberster Führer Nordkoreas von 1994 bis 2011)? Wird es etwas klarer? Die Antwort lautet: Sie waren Diktatoren und alle Männer. Tatsächlich war die überwiegende Mehrheit der Diktatoren in der Neuzeit und in der früheren Geschichte männlich.

Meine Familie floh vor dem diktatorischen Regime von Präsident Mobutu in der DR Kongo, damals noch Zaïre, und kam dann Anfang der Neunzigerjahre als Geflüchtete im Vereinigten Königreich unter. Bei uns zu Hause und auch in der kongolesischen Gemeinde war diese Diktatur immer großes Gesprächsthema. Wir haben detailliert unsere Erfahrungen ausgetauscht. Einige davon waren harmlos, andere erschütternd. Unsere Eltern erzählten uns davon, wie Panzer durch die Stadt gerollt sind und Soldaten einfach die Zivilbevölkerung beschossen haben. Freunde, die aktivistische Studierende waren, wurden auf unbestimmte Zeit ins Gefängnis gesperrt oder verschwanden einfach. Sie erzählten aber auch von den Liedern, die wir singen mussten, um den Diktator Mobutu zu lobpreisen, und von der gottgleichen Darstellung unseres sogenannten allmächtigen Führers. Um ihn rankten sich viele außergewöhnliche Mythen und Sagen, darüber, wie er einen Leoparden mit seinen bloßen Händen getötet hat und wie er sich selbst in Mobutu Sese Seko Kuku Ngbendu wa Zabanga umbenannt hat, was so viel bedeutet wie »der allmächtige Krieger, der aufgrund seiner Ausdauer und seines unbeugsamen Willens zu gewinnen von einer Errungenschaft zur nächsten schreitet und dabei Spuren von Feuer hinterlässt«.

Damals wunderte ich mich: Was wollte ein einzelner Mann mit so viel Macht und Anbetung? Ist es sein Ego, seine Gier? Ein Kontrollwahn? Keiner der Faktoren allein gibt Antwort auf diese Frage, aber sie alle tragen zu einem größeren Bild bei. Als ich älter wurde, begann ich mehr zu reflektieren, wie Jungs dazu sozialisiert werden, dominant und aggressiv zu sein. Wir spielen und kämpfen mit Spielzeugwaffen und in Fantasiekriegen. Eine patriarchale Gesellschaft normalisiert männliche Dominanz.

Es ist also keine große Überraschung, dass mit Abstand die meisten Diktatoren männlich sind und waren. Im Allgemeinen sind Staatsoberhäupter – historisch und auch aktuell – meistens Männer. Die Zahlen eines Berichts der Vereinten Nationen belegen, dass nur 22 Prozent der Parlamentsmitglieder aller Staaten Frauen sind. Was nur ein leichter Anstieg im Vergleich zu den 11 Prozent aus dem Jahr 1995 ist.[1] Stand Oktober 2017 gab es weltweit nur elf weibliche Staatsoberhäupter und nur zwölf Regierungschefinnen – dabei gibt es 195 Staaten, und Frauen stellen 49,6 Prozent der Weltbevölkerung.

Kämpfe, Konflikte und selbst Kriege werden heutzutage bis zu einem gewissen Grad idealisiert, zum Beispiel in Form von Videospielen wie *Call of Duty*, *God of War* oder *Halo*. Diese Spiele führen nicht nur dazu, dass Jungs und Männer extreme Gewalt für normal halten, sondern sie tragen auch zu der Konstruktion des Feindbilds der »anderen« bei. Viele Jungs wachsen mit der Vorstellung auf, dass es immer jemanden gibt, den man bekämpfen muss. Das schafft den Nährboden für eine »Töten oder getötet werden«-Mentalität, eine weitere Komponente toxischer Männlichkeit. Der Druck beginnt für gewöhnlich schon in der Kindheit und setzt sich im Erwachsenenalter fort. Von der virtuellen Welt schwappt er über in die echte.

Ich kann mich daran erinnern, wie ich als Junge in meinem Wohnblock gechillt habe mit meinen Freunden, und einer von ihnen, nennen wir ihn James, posaunte hinaus, er könne mich verprügeln. Zu dem Zeitpunkt wusste ich nicht, dass wiederum einige meiner Kumpels James eingetrichtert hatten, ich hätte gesagt, ich könne James verprügeln. Ich war verwirrt, weil ich dachte, dass James und ich Freunde seien. Warum sollte James eine Schlägerei mit mir anfangen wollen? Als wir uns schließlich trafen, hatte sich bei mir schon die negative Verhaltensweise durchgesetzt, durch die ich geprägt wurde, nämlich Konflikte mittels Gewalt anstatt durch Reden zu lösen. James und ich fingen an, aufeinander einzuschlagen, während die Jungs um uns herum klatschten und jubelten, bis wir letzten Endes voneinander getrennt wurden. Ich hatte eigentlich gar keinen Bock, einen Kampf einzugehen, und wusste schon, als es losging, dass es falsch war. Aber ich wollte auch nicht die Person sein, die verprügelt wird, also schwächer ist. Mir wurde beigebracht, Gewalt sei ein natürlicher Weg, um Probleme zu lösen. Unmittelbar nach dem Kampf entschuldigte ich mich bei James. Wir waren beide nicht wirklich verletzt, zwei dünne, schlaksige Kids, die kaum wussten, wie man jemandem einen Kinnhaken gibt, geschweige denn, wie man jemandem ernsthaft wehtut. Wir haben uns dann auch wieder vertragen.

Die meisten Kinder, die mit brutalen Videospielen oder Schlägereien aufgewachsen sind, werden nicht auf einmal Waffen anlegen und zu Weltkriegen aufrufen. Das Maß, in dem die Gesellschaft die Gewalt gegen »einen Feind« normalisiert, hat jedoch Einfluss darauf, wie wir Kriegsverbrechen oder militärische Einsätze rechtfertigen, weil ja »die anderen« angegriffen werden, die wir beherrschen müssen oder vor denen wir uns schützen müssen. Ein gutes Beispiel dafür ist der Einmarsch in den Irak 2003, der zum Irakkrieg geführt hat, als Saddam Hussein unterstellt wurde, er würde »Massenvernichtungswaffen« horten. Er wurde sehr schnell zum ultimativen Feindbild des Westens, und das Vereinigte Königreich schloss sich den USA an, um Saddam Husseins vermeintliche Pläne zu vereiteln. Ein weiteres gutes Beispiel ist die noch nicht so weit zurückliegende militärische Invasion Libyens. Oder wie Muslime und ethnische Minderheiten sowie Geflüchtete ständig als Bedrohungen für die westliche Wertegemeinschaft dargestellt werden. Das führt dazu, dass Gruppen von weißen Männern, so wie zum Beispiel die neonazistische Alt-Right-Bewegung, ihre Machenschaften damit begründen, dass sie ja nur »ihresgleichen« beschützen.

Männer sind so stark darauf getrimmt, Konflikte mit Kriegen und Gewalt zu lösen, dass man sehr selten eine gewaltlose Lösung als die überlegenere Form der Konfliktbeseitigung vorfindet. Stattdessen bagatellisiert die Rhetorik von männlichen politischen Führungspersönlichkeiten oft Gewalt und stilisiert sie als schnelle Lösung anstatt als nichtgewollte absolute Notlösung. Man denke an den ehemaligen US-amerikanischen Senator John McCain, der im Wahlkampf um die Präsidentschaft 2008 »Bomb, bomb, bomb, bomb, bomb Iran!« gesungen hat als Parodie auf den Song »Barbara Ann« von der Band Regent's. Oder auch an den aktuellen US-Präsidenten Donald Trump und seine locker von der Zunge gleitenden Worte bezüglich eines Atomkriegs mit Nordkorea oder den Ruf nach Militär zur Niederschlagung der Proteste in Minneapolis 2020.

Es ist wirklich keine steile These, dass die politische Szene geprägt ist von männlichen Macht-, Gewalt- und Dominanzfantasien. Die angsteinflößende Konsequenz daraus ist, dass lebensbedrohliche Entscheidungen auf der Grundlage von Männeregos getroffen werden. Der männliche Machtmissbrauch ist an jeder Stelle sehr gefährlich, doch im politischen Kontext sehen wir ihn in seiner extremen Form.

FRAUEN: VON NATUR AUS DIE WOHLWOLLENDEREN ANFÜHRERINNEN?

Es gibt einen sich hartnäckig haltenden sexistischen Witz, den ich während meiner Teenagerjahre oft gehört habe: Wenn die Mehrheit der Staatsoberhäupter auf der Welt Frauen wären, würden sie ihre Zeit damit verbringen, über Make-up und Kleidung zu diskutieren. Es würde keine Kriege mehr geben, denn anstatt zu kämpfen, würden mächtige Frauen bei Konflikten einfach nie wieder miteinander sprechen.

Ironischerweise wird Frieden im Kontext dieses Witzes als ein schwächeres, weibliches Merkmal stilisiert und Kriege, bei denen Millionen unschuldiger Menschenleben verloren gehen, gelten als normale Form der Konfliktlösung und zudem als stärker, männlicher und somit auch überlegener. Das Ganze ist natürlich komplexer, als dass ich es hier detailliert herunterbrechen könnte, und für eine gute Konfliktlösung ist eine produktive Diskussion mit anderen Ländern sehr wichtig. Dennoch scheint angesichts all der Dinge, die gerade auf der Welt geschehen, die Variante, einfach nicht mehr miteinander zu reden, tatsächlich eine fortschrittlichere Außenpolitik zu sein als die Entscheidung der USA, eine militärische Invasion in die Wege zu leiten, bei der bereits über eine halbe Million Menschen gestorben sind.

Die Frage, wie die Welt eigentlich aussähe, wenn die Mehrheit der Staatsoberhäupter Frauen wären, bleibt aber interessant. Gäbe es mit mehrheitlich Frauen als Premierministerinnen oder Präsidentinnen weniger Kriege oder globale Konflikte? Selbstverständlich können wir das erst herausfinden, wenn es so weit ist. Derzeit streiten dennoch viele Expert*innen über diese These. In dem Artikel »Would The World Be More Peaceful If There Were More Women Leaders?« (zu Deutsch: »Wäre die Welt friedlicher, wenn es mehr weibliche Führungskräfte gäbe?«) argumentiert die medizinische Anthropologin Catherine Panter-Brick der Universität Yale, dass die Annahme, dass die Welt dann friedlicher wäre, Geschlechterklischees entspricht, während der kognitive Psychologe Stephen Pinker der Universität Harvard anmerkt, dass Frauen historisch gesehen schon immer Friedensstifterinnen waren.[2] Bei vielen Argumentationen über weibliche Staatsoberhäupter wird die folgende Frage vergessen: Wenn die Mehrheit der Staatsoberhäupter Frauen wären, diese aber genauso in einem System des westlichen Imperialismus, des Kapitalismus und des Patriarchats agieren müssten, warum sollte man davon ausgehen, dass sich irgendetwas ändern würde?

Es gäbe immer noch »die anderen«, deswegen gäbe es noch immer Konflikte und Kriege. Tatsächlich haben viele Frauen in mächtigen Regierungspositionen das Patriarchat einfach so fortgeführt, um auf Augenhöhe bei den Männern mitspielen zu können und letztlich an Machtpositionen zu kommen, nur um diese genauso auszunutzen, wie es Männer vor ihnen getan haben.

Wie etwa Margaret Thatcher. Sie wurde die »Eiserne Lady« genannt und war die erste weibliche Premierministerin im Vereinigten Königreich, die mit der Konservativen Partei in den Jahren 1979, 1983 und 1987 dreimal die Wahlen gewann. Ihre Beliebtheit unter den konservativen Abgeordneten erreichte einen Höhepunkt, nachdem sie 1982 den Falklandkrieg in die Wege geleitet hatte. Auch in den heutigen Zeiten gibt es Frauen wie die ehemalige Premierministerin Theresa May (im Amt von 2016 bis 2019). Ihr wird vorgeworfen, den »staatlich geförderten Missbrauch von Frauen« durch das Yarl's Wood immigration detention center (Haftzentrum für Migranten) erleichtert zu haben. Außerdem hat die von ihr als Innenministerin eingeführte feindliche Politik im Umgang mit Einwandernden dazu geführt, dass Hunderttausende Migrant*innen abgeschoben wurden, was im Windrush-Skandal kulminierte, bei dem es um unrechtmäßig gefangen genommene und fast abgeschobene Migrant*innen ging.

Selbst in der von Männern dominierten Unternehmenswelt, insbesondere in Führungspositionen, werden Frauen, die eher »männliche« oder rücksichtslose Eigenschaften aufweisen und das Geldverdienen über ein kollegiales Miteinander stellen, für gewöhnlich ernster genommen und haben oft mehr Erfolg beim Karriereaufstieg.

Abstammung und Klasse sind ebenfalls wichtige Faktoren: Falls irgendeine Frau Chancen auf diese Positionen hat, dann ist es eine weiße Frau aus der Mittelschicht. Es gibt jedoch Probleme, mit denen sich alle Frauen konfrontiert sehen. Frauen haben zum Beispiel sehr selten das Privileg, ihre »Weiblichkeit« so zur Schau stellen zu können, wie Männer ermutigt werden, ihre »Männlichkeit« im politischen und unternehmerischen Bereich zu präsentieren.

Im Jahr 2010 sorgte die italienische Europaabgeordnete Licia Ronzulli (Mitglied des Europäischen Parlaments) für Kontroversen und Gegenwind, als sie ihr vier Wochen altes Baby Vittoria zu einer Abstimmung über die Arbeitsbedingungen von Frauen in der Europäischen Union in Straßburg mitbrachte.

MÄNNER UND POLITISCHER EXTREMISMUS

Politische Macht ist patriarchalisch, und patriarchalische Macht ist politisch. Egal, wo auf dem politischen Spektrum, bei männlicher Vorherrschaft geht es immer um Macht. Gegensätzliche ideologische Ansichten, die als jeweilige Endpole des politischen Spektrums wahrgenommen werden, haben oft eines gemeinsam: Männlichkeit. Die Frage, warum so viele junge Männer radikalisiert werden, sei es durch den Dschihadismus, neonazistische und weiße nationalistische Bewegungen wie die Alt-Rights oder eine andere gewalttätige, auf Männer ausgerichtete politische Bewegung, wird insbesondere im Mainstream noch nicht ausreichend behandelt. Der Soziologe Michael Kimmel argumentiert in seinem Buch *Healing from Hate: How Young Men Get Into – and Out of – Violent Extremism* (zu Deutsch: »Den Hass überwinden: Wie junge Männer in gewalttätigen Extremismus hineingeraten und wieder herauskommen«), dass Männlichkeit die Hauptursache dafür ist, warum sich so viele junge Männer weiterhin diesen gewalttätigen politischen Bewegungen anschließen, und sie gleichzeitig als sozialer Klebstoff dient, der so viele junge Männer zusammenhält.

Kimmel argumentiert, dass die jungen Männer, die an diesen gewalttätigen politischen Bewegungen beteiligt sind, ein »krankhaftes Anspruchsdenken hätten«[3], in dem Sinne, dass sie das Gefühl hätten, nicht das erhalten zu haben, was ihnen als Männern zusteht oder was sie geglaubt hatten auf der Basis ihrer Männlichkeit gewinnen zu können. Infolgedessen glauben viele Männer, dass ihre Männlichkeit bedroht ist und sie daher extreme Maßnahmen ergreifen müssen – normalerweise gewalttätige –, um sie zu schützen. Ein Beispiel hierfür liefert der Artikel »How Masculinity, Not Ideology, Drives Violent Extremism« (zu Deutsch: »Wie Männlichkeit und nicht Ideologie gewalttätigen Extremismus antreibt«) in der *Washington Post*. Die Journalistin Dina Temple-Raston porträtiert einen Teenager aus Minnesota, der das wenige, was er besaß (iPhone, Turnschuhe und Laptop), verkaufte, um einen Flug in die Türkei zu buchen, und sich schließlich auf den Weg nach Syrien machte, um dem Islamischen Staat beizutreten. Der Junge sagte: »Ich dachte, ich kämpfe auf der Seite eines unterdrückten Volkes (…) Ich dachte, ich würde mich gegen eine Armee zur Wehr setzen (…) Ich hatte das Gefühl, etwas Edles zu tun. Es gab meinem Leben Sinn.« Der Teenager wurde schließlich vom FBI verhaftet und wegen terroristischer Straftaten angeklagt.[4]

Auf dem anderen Extrem des politischen Spektrums haben wir die Rhetorik des fünfundvierzigsten Präsidenten der Vereinigten Staaten, Donald Trump, der sexistische und rassistische Ansprachen benutzt, um die Unterstützung weißer amerikanischer Männer (und weißer amerikanischer Frauen, die 53 Prozent seiner Wählerschaft ausmachen) zu gewinnen. Viele seiner Fans haben das Gefühl, dass ihre Privilegien schwinden würden.

Trump – der auch die folgenden Spitznamen trägt: Ronald McDonald Trump, Agent Orange oder (mein Favorit) Cheeto Benito – antwortete wie folgt auf die #MeToo-Bewegung und die Vorwürfe sexueller Übergriffe und Fehlverhaltens, die gegen den Nominierten für den Obersten Gerichtshof Richter Kavanagh erhoben wurden: »Es ist eine sehr beängstigende Zeit für junge Männer in Amerika.« Was Trump als beängstigend bezeichnet, ist die Vorstellung, dass Männer endlich für ihre Taten in der Vergangenheit und Gegenwart zur Rechenschaft gezogen werden, mit denen sie sonst durchgekommen sind. (Lasst uns das hier mal in aller Deutlichkeit festhalten: Er spricht ganz speziell über weiße Männer.) Für junge Männer in den USA ist der Gedanke daran, zur Rechenschaft gezogen zu werden, »beängstigend«, während junge Frauen in den USA verängstigt sind durch frauenfeindliche Gewalt, durch Vergewaltigungen, durch sexuellen Missbrauch und Belästigung. Es gibt keinen Vergleich zwischen den beiden.

Zur Rechenschaft gezogen zu werden ist das, was jemand mit einem selbstgefälligen Anspruch auf Privilegien am meisten fürchtet, denn für alle seine Taten zur Rechenschaft gezogen zu werden bleibt bislang den Unterdrückten, den Enteigneten und Entmachteten vorbehalten. Privilegiert zu sein bedeutet, nicht verurteilt zu werden. In einer patriarchalischen Gesellschaft werden Frauen ständig zur Rechenschaft gezogen, bis zu dem Punkt, dass sie mit Vehemenz wegen Dingen beschuldigt werden, für die sie nicht verantwortlich sind.

Selbst im politischen Bereich wird das, was eine weibliche politische Führerin sagt und tut, sehr oft viel genauer unter die Lupe genommen. Was wäre, wenn eine Frau so reden würde wie Donald Trump? Dass sie sich so lange im Weißen Haus halten würde wie Trump, geschweige denn überhaupt erst gewählt worden wäre, ist fraglich. Allein sich diesen Vergleich vorzustellen fällt schwer. Wir müssen nur die Art und Weise betrachten, in der Hillary Clinton hinterfragt wurde. Obwohl Hillary Clinton zweifellos keine Politikerin ohne Makel ist, wurde sie viel genauer unter die Lupe genommen als Trump, als sie während ihres Wahlkampfs Fehler machte. Und Alexandria Ocasio-Cortez, US-Abgeordnete der Demokratischen Partei, muss sich mit frauenfeindlichen Beschimpfungen herumschlagen. Unabhängig davon, ob Männer oder Frauen sich für eine Präsidentschaft zur Wahl stellen, beide treffen Entscheidungen, die für Menschen auf der ganzen Welt Auswirkungen haben, und sollten dementsprechend gleichermaßen zur Rechenschaft gezogen werden.

Immer mehr Männer in den USA verüben politische Attentate, wie sie es bereits im Laufe der Geschichte getan haben. Als Terrorismus klassifiziert man Taten, die politische Ziele verfolgen, die Medien scheitern aber daran, suprematistische Gewaltakte von weißen Männern als Terrortaten zu benennen. Die Medien halten überwiegend an der Idee fest, dass Terrorismus nur politisch motivierte Handlungen sind, die von muslimischen Minderheiten ausgehen können.

Zum Beispiel hat der »Mail Bomber« Cesar Sayoc einen inländischen Terroranschlag verübt. Sayoc wurde im Oktober 2018 dafür angeklagt, Drohungen ausgesprochen zu haben und Sprengsätze an bedeutsame politische Personen der Demokratischen Partei und die Senderbüros von *CNN* in New York geschickt zu haben. Es ist erwähnenswert, dass die Gewalt gegen lautstarke Gegner von Donald Trump gerichtet war. Bei diesen politisch motivierten Attentaten wird von »einsamen Wölfen« gesprochen, also von jemandem, der allein handelt und nicht durch politische Ideologie motiviert ist. Aber wie viele gewalttätige Angriffe von Einzelgängern braucht es, bis Menschen sie mit politischer Ideologie in Verbindung bringen: Ob Gedanken weißer Überlegenheit oder sexistische Gewalt oder beides, diese Handlungen sind politisch, und oft ist männliches Rudeltum der Nährboden dafür, im Gegensatz zu den vermeintlich einsamen Eigenbrötlern.

Männer auf der ganzen Welt nutzen politische Gewalt als Mittel, um sich wieder mit ihrer Männlichkeit auseinanderzusetzen, sich ermutigt zu fühlen, sich »stark« zu fühlen und um sich so zu fühlen, wie es ihrer Meinung nach für Männer richtig ist: jemand, der für das kämpft, woran er glaubt, jemand, der ein Leben riskieren und/oder nehmen würde, um das zu schützen, was er für seinen Besitz, sein Recht hält. In diesem Fall ist es der Verlust einer den jeweiligen Männern vermeintlich zustehenden privilegierteren Position, der diese politische Gewalt lostritt.

Tatsache ist, dass das Patriarchat die Mehrheit der Männer entmachtet. Es ist natürlich ein System, das Männern Privilegien gewährt, aber für die Mehrheit der Männer ist das System nicht vorteilhaft. Nur ein kleiner elitärer Kreis, die Oberschicht der Männer, profitiert wirklich vom Patriarchat, wie wir in den Kapiteln 6 und 7 diskutieren werden. Der Rest muss im Wesentlichen um übrig gebliebene Krümel kämpfen. Diese Krümel sind falsche Anspruchshaltungen und irrationale Gefühle von Überlegenheit. Das kommt vor allem bei politischen Konflikten zum Tragen, in denen besonders perfide ist, dass diejenigen, die kämpfen und sterben, nie diejenigen Männer sind, die die politischen Entscheidungen treffen und Kriege auslösen.

Trotzdem: Auch wenn das Patriarchat Männern Macht entzieht, tut es das in noch viel stärkerem Ausmaß bei Frauen. So viele Männer halten an ihren Privilegien fest, um sich besser als andere fühlen zu können. Es ist, als stecke man in einem brennenden Haus fest, aber man ist noch entspannt und sucht nicht nach dem Ausgang, denn noch brennt man ja selbst nicht.

5

IF I WERE A BOY:

GESCHLECHTERGERECHTIGKEIT
UND FEMINISMUS

»Feminismus ist der radikale Gedanke, dass Frauen Menschen sind«, so schrieb es die Autorin, Redakteurin und politische Aktivistin Marie Shear im Newsletter *New Directions for Women* im Jahre 1986 nieder.

Oberflächlich betrachtet ist das eine ziemlich deutliche Ansage. Die Ironie in »radikaler Gedanke« wird sehr schnell deutlich. Es gibt zwei Arten, wie Leute auf so eine Aussage reagieren: »Natürlich sind Frauen Menschen« – ohne überhaupt in Betracht zu ziehen oder sich dessen bewusst zu sein, welchen systemischen und strukturellen Formen von Unterdrückung Frauen ausgesetzt sind, dass sie als Männern unterlegen positioniert und somit nicht als ebenbürtige Menschen betrachtet werden. Die zweite Antwort wäre ebenfalls eine Zustimmung, dass Frauen Menschen sind, aber hierbei würde mit einbezogen, dass es zwar objektiv der Fall ist, sich aber in der Gesellschaft nicht widerspiegelt.

Als ich in den späten Neunzigern und frühen Nullerjahren ein junger Teenager war, hatte ich überhaupt keinen Schimmer davon, dass es strukturelle Geschlechterungerechtigkeiten gibt, wie sie dieses Kapitel behandelt. Ich wusste, dass es Geschlechterrollen gibt, dass es unterschiedliche Erwartungshaltungen an die Geschlechter und auch vermeintliche Unterschiede zwischen Männern und

Frauen gibt. Sie wurden jedoch eigentlich nie sonderlich hinterfragt.

Ich bin in einem Haushalt mit Vater und Mutter und vier Brüdern aufgewachsen. Meine Mutter hat dafür gesorgt, dass wir alle kochten und putzten, weil es für sie wichtig war, dass wir mithalfen, egal welches Geschlecht wir hatten.

Ich bin damit aufgewachsen, dass mein Vater zur Arbeit gegangen ist und meine Mutter als Hausfrau gearbeitet hat. Aber dann gab es Zeiten, da blieb mein Vater als Hausmann zu Hause, und meine Mutter ging außer Haus arbeiten.

Damals dachte ich, alle anderen würden genauso aufwachsen wie ich. Als ich älter wurde, habe ich gelernt, dass die Leute es besonders und unnormal finden, wenn ein Mann kocht und putzt. Viele Männer, die ich kannte, hatten wenig Bock auf Hausarbeit und haben von allerlei Frauen in ihrem Umfeld, egal ob von der besten Freundin, der festen Freundin oder sogar der Mutter, erwartet, dass sie diese Arbeiten für sie verrichten.

Die Erwartungshaltung, dass Frauen ihren »Pflichten« nachgehen müssen, ist einer von vielen Aspekten, die dazu beitragen, dass Frauen als weniger wertvolle Menschen im Vergleich zu Männern behandelt werden. Sie sind vielmehr Objekte, Dienstobjekte, wenn man so will. Diese Erfahrung hat mir die Augen geöffnet, und ich habe mir seitdem immer die Frage gestellt, warum Jungs oder Mädchen manche Dinge machen sollen. Die meisten antworten mit einem einfachen »So ist es nun mal«. Doch erst durch das Lesen von Büchern über Geschlechtergerechtigkeit und Feminismus habe ich Antworten auf meine dringlichsten Fragen zum Thema Gender bekommen.

WAS IST FEMINISMUS?

Ich habe das Buch *Feminism is for Everybody* (zu Deutsch: »Feminismus ist für alle da«) von bell hooks in meinen späteren Teenie-Jahren gelesen, und es hat mir viele Fragen zu Geschlechterungerechtigkeiten und Feminismus beantwortet. Ich realisierte, dass ich auf die Frage, ob ich Sexismus, sexistische Ausbeutung und Unterdrückung abschaffen wollen würde, mit »Ja« antworten würde. Aber wenn mich jemand gefragt hätte, ob ich Feminist bin oder ob ich dem Feminismus zustimme, so hätte ich damals gezögert oder einfach widersprochen. Das hat mich mehr darüber gelehrt, wie diese Ideologie von Menschen dargestellt wird, als über die Ideologie selbst. Feminismus wird oft als antimännliche Ideologie eingeordnet, als eine Bewegung, die Männer auslöschen will und sie als inhärentes Problem der Gesellschaft darstellt.

In *Feminism is for Everybody* schreibt bell hooks: »In einfachen Worten: Feminismus ist eine Bewegung, die den Sexismus, die sexistische Ausbeutung und die Unterdrückung beenden will.«[1] Mir gefiel diese Definition, denn sie impliziert nicht, dass Männer der Gegner sind. hooks' Vision von Feminismus hängt inhärent mit der strukturellen und systemischen Unterdrückung von Frauen in der Gesellschaft zusammen. Auch wenn viele Männer wissen, dass es Geschlechternormen und -erwartungen gibt, weil sie sich in ihrem tagtäglichen Leben widerspiegeln, sind sie sich, genauso wenig wie ich als Teenager, darüber im Klaren, warum Feminismus in der modernen Welt immer noch notwendig ist. Viele denken, das sei ein überkommenes, nicht mehr so wichtiges Konzept, das man gebraucht hat, als Frauen noch nicht wählen durften oder dazu gezwungen wurden, Hausfrauen zu sein. Oft kommen Gegenargumente wie: »Aber unsere Kanzlerin oder Premierministerin ist doch eine Frau.« Unabhängig davon aber sind Frauen auch in unserer modernen Gesellschaft immer noch unterdrückt. Vor allem Frauen aus der Arbeiterklasse und Women of Color, also Frauen, die nicht weiß sind.

Hier ein paar weltweite Statistiken von *UN Women*[2]:

- Frauen sind häufiger arbeitslos als Männer.
- Frauen erhalten weltweit weniger Lohn als Männer. Das geschlechtsspezifische Lohngefälle wird auf 23 Prozent geschätzt.
- Frauen tragen unverhältnismäßig viel Verantwortung für unbezahlte Pflege und Hausarbeit.
- Frauen haben seltener Zugang zu sozialer Sicherung: Weltweit haben schätzungsweise fast 40 Prozent der Frauen in Lohnbeschäftigung keinen Zugang zu sozialen Sicherungen.
- Umweltzerstörung und Klimawandel haben unverhältnismäßige Auswirkungen auf Frauen und Kinder: Weltweit sterben Frauen vierzigmal häufiger als Männer während einer Katastrophe.
- Viele migrantische Frauen arbeiten in sehr niedrig bezahlten, prekären und schlechten Arbeitsverhältnissen, mit wenig Arbeits- und sozialer Sicherung, und zudem sind sie körperlicher und sexueller Gewalt am Arbeitsplatz ausgesetzt.

MALE PRIVILEGE –
MÄNNLICHE PRIVILEGIEN

»Ich bezweifle arg, dass Männer bereit sind, große Opfer zu bringen. Wenn wir als Männer akzeptieren, dass wir Status, Macht und Privilegien haben, sind Männer dann auch gleichzeitig bereit, diese zu opfern? Sind Männer bereit, das aufzugeben? Ich kenne einige opferbereite Frauen, aber ob Männer dazu bereit sind, Dinge aufzugeben?« *Adam*

Männliche Privilegien beziehen sich auf soziale, wirtschaftliche und politische Vorteile und Rechte, über die Männer aufgrund ihres Geschlechts verfügen. Der Feminismus wird als antimännlich oder als Bedrohung für Männer empfunden, weil er die Kämpfe der Frauen in den Mittelpunkt stellt. Viele Männer reagieren automatisch allergisch darauf, weil sie befürchten, dass ihnen ihre Freiheit genommen wird. Beim Feminismus geht es jedoch einfach darum, gleiche Wettbewerbsbedingungen für alle zu schaffen und eine Welt, in der Frauen nicht häufiger leiden oder sogar sterben – wie die obigen Statistiken zeigen –, weil sie eine Frau sind. Feminist*innen wie hooks wollen diese widrigen Bedingungen nicht auf Männer übertragen, sondern grundsätzlich die Chancen verringern, dass es überhaupt einem Menschen passiert.

Feminist*innen wollen nicht nur eine gleichberechtigte Gesellschaft für Frauen schaffen, sondern haben auch für die Rechte der Männer gekämpft. Der Feminismus ist tatsächlich für Männer von Vorteil, da er versucht, Männern zu helfen und den Druck zu beseitigen, den die patriarchalische Gesellschaft auf sie ausübt, insbesondere durch falsche Behauptungen über und das Auferlegen von Männlichkeit, und den allgemeinen politischen und gesellschaftlichen Schaden, den das Patriarchat anrichten kann. Als Folge dessen erleben viele Männer psychische Zusammenbrüche und auch die besorgniserregend hohen Suizidraten von Männern werden in diesem Zusammenhang gesehen.

Auf seinem Album-Podcast »Prometheus Vol. 3«, veröffentlicht im August 2018, sagt der beliebte, weltweit geschätzte schottische Komiker Frankie Boyle Folgendes über den Feminismus: »Ich sag euch mal ehrlich, was ich vom Feminismus halte. (…) Ich bin aufrichtig der Meinung, dass der Feminismus momentan für dich als junger Kerl die einzige Sache ist, die dir eine Zukunft bietet. Der Kapitalismus interessiert sich einen Scheißdreck für dich, dem Materialismus ist scheißegal, ob du lebst oder stirbst. Aber der Feminismus denkt an dich. Wenn ich dann also Kerle sehe, vor allem junge Typen, die den Feminismus angreifen, weißt du, wie das rüberkommt? Als ob die Feuerwehr in eine wirklich abgefuckte Wohnsiedlung geht, um einen Brand zu löschen, sie aber gesteinigt werden. Das ist es, was du tust, du steinigst die verdammten Rettungskräfte.«

Wenn weniger Frauen arbeitslos sind und alle Geschlechter gleich viel für die gleiche Arbeit bekommen, hilft das nicht nur der Wirtschaft, es nimmt auch den finanziellen Druck vom Mann, der der Alleinverdiener sein muss (eine Rolle, die ihm das Patriarchat zugeschrieben hat). Frauen und Männer würden so mehr Selbstbestimmtheit erlangen.

Viele wissen nicht, dass feministische Aktivist*innen 2011 die Kampagne RAPE is RAPE gestartet haben: RAPE is RAPE setzte das FBI unter Druck, Vergewaltigung neu zu definieren und auch sexuelle Gewalt gegen Jungen und Männer aufzunehmen – die vorherige Definition hatte sich seit 1929 nicht mehr verändert. Schwarze Feministinnen haben energisch für die Rechte von Schwarzen Männern gekämpft. Dazu schrieb Audre Lorde:

»Ich möchte einen Schwarzen Mann großziehen, der nicht zerstört oder beeinträchtigt wird durch die Korruption, die sich Macht nennt, von weißen Vätern, die seine Vernichtung ebenso wollen wie meine. Ich möchte einen Schwarzen Mann großziehen, der versteht, dass das rechtmäßige Ziel seiner Feindseligkeit nicht Frauen sind, sondern diejenigen, die die Strukturen aufrechterhalten, die ihn dazu bringen, Frauen zu hassen und vor ihnen Angst zu haben, genauso wie er Angst und Hass für sein eigenes Schwarzes Selbst empfindet.«[3]

MÄNNER: GEFÄHRDER ODER BESCHÜTZER?

In vielerlei Hinsicht wissen Männer, wie unterschiedlich die Gesellschaft für Männer und Frauen ist: dass Männer eine Bedrohung für Frauen darstellen und dass im Alltag ständig Machtdynamiken im Spiel sind. Auf subtile Weise verstärkt es sich in unserem nach außen gerichteten Schauspiel der Männlichkeit. Wenn es um Mädchen oder Frauen in unserem Leben geht, unsere Schwestern, Nichten, Cousinen und Mütter, spielt oft ein defensiver und schützender Instinkt eine Rolle. Die Populärkultur, einschließlich der Filme, spielt eine Rolle bei der Reflexion der männlichen Psyche und der Zweiteilung von Männern in »Gefährder« und Frauen als Damen in Not, die geschützt werden müssen. Ich erinnere mich an eine Szene aus dem Film *Bad Boys II* (2003) mit Will Smith und Martin Lawrence als Polizisten Mike Lowrey und Marcus Burnett. Ein Junge namens Reggie kommt, um Burnetts Tochter Megan zu einem Date abzuholen. Reggie klopft an die Tür, und Detective Burnett reißt die Tür auf. Die Szene spielt sich wie folgt ab:

DETECTIVE BURNETT: Mann, f****, wer bist du denn?

REGGIE: Guten Tag, Mr. Burnett. Ich bin Reggie.

DETECTIVE BURNETT: Was willst du hier?

REGGIE: Ich wollte Megan abholen.

DETECTIVE BURNETT: Wie alt bist du?

REGGIE: Ich bin fünfzehn, Mr Burnett.

DETECTIVE BURNETT: Du Wichsfinger siehst aus wie dreißig.

Detective Burnett drückt Reggie dann gegen die Wand und tastet ihn ab, um ihn zu durchsuchen. Dann kommt Detective Mike Lowrey. Lowrey macht wie Burnett weiter mit der Befragung.

DETECTIVE LOWREY: Kannst du boxen?

REGGIE: Ja.

DETECTIVE LOWREY: Das hast du drauf? (Lowrey täuscht an, als würde er Reggie schlagen.) Nein, du M****f****r kannst nicht boxen. Guck dich an.

DETECTIVE BURNETT: Mike, Mike …

DETECTIVE LOWREY: Nein. Wenn jemand mit meiner Nichte um die Häuser zieht, will ich wissen, ob die Nase boxen kann. Weil, wenn sie einer anbaggert und der lässt den nicht umfallen, dann bleibt sie hier.

DETECTIVE BURNETT: Das ist Meagans Patenonkel, der ist gerade aus dem Knast raus.

DETECTIVE LOWREY: (zieht die Waffe und fuchtelt damit in der Luft herum) Ich bin gerade aus dem Loch raus, und die sehen mich nie wieder. Ist irgendwas (zu Reggie)? Scheißt du dir in die Hosen, hast du noch nie eine Knarre gesehen? (…)

DETECTIVE BURNETT: Hör gut zu, um eins nach zehn ist meine Tochter wieder zu Hause. Hast du sie um eins nach zehn noch nicht abgeliefert, sitze ich im Auto, mit geladener Kanone, und dann mache ich Jagd auf dein Glockensäckchen.

Dann kommt die Frau von Detective Burnett, Theresa Burnett, mit Meagan zur Tür und begrüßt Reggie freundlich. Sie entschuldigt sich für das alberne Verhalten der Detectives. Bevor Reggie das Haus betritt, flüstert Detective Burnett ihm zu:

DETECTIVE BURNETT: Bist du noch Jungfrau?

REGGIE: Ja.

DETECTIVE BURNETT: Das bleibt auch so. Heute Nacht wird nicht rumgevögelt!

Ich erinnere mich daran, wie ich mir genau diese Szene als Teenager mit meinen Brüdern und männlichen Kumpels angeguckt habe und darüber Witze gemacht habe, dass wir diesen männlichen Beschützerinstinkt genauso anwenden wollten auf unsere ungeborenen, hypothetischen Töchter.

Solche Interaktionen zeigen uns, dass Männer implizit wissen, dass andere Männer eine Gefahr darstellen: insbesondere ein Mann, den sie nicht kennen oder der sich noch nicht als »akzeptabler« Mann erwiesen hat – wie Reggie in der Szene von *Bad Boys II*.

In dem kleinen Ausschnitt kommentieren Burnett und Lowrey das Aussehen, die Kampffähigkeiten und die Sexualität eines fünfzehnjährigen Jungen. Hier spiegelt sich wider, dass sich für viele Männer die männliche Identität auf die Rollen des »Gefährders« und des »Beschützers« reduziert.

Das Problem ist, dass viele Männer sich zwar der Ungleichheit der Geschlechter bewusst sind, aber so sehr von den ihnen gewährten männlichen Privilegien profitieren, dass sie ihren eigenen Wunsch, Frauen zu schützen – meistens diejenigen ihrer Familie, wie in der Szene von *Bad Boys II* –, über die Frage stellen, ob ihr eigenes Verhalten dazu beiträgt, dass Frauenfeindlichkeit endlos fortgesetzt wird. Wenn Männer die Welt für ihre Lieben sicherer machen wollen, müssen sie für die Menschlichkeit der Frauen allgemein sensibilisiert werden und nicht nur für die der Frauen ihrer Familie.

MÄNNLICHE FEMINISTEN

Die Frage, ob Männer sich als Feministen identifizieren sollten, ist heiß umstritten. Als Mann ist es grundsätzlich wichtiger, die wesentlichen Prinzipien des Feminismus und die Frage der Gleichstellung der Geschlechter zu verstehen, als sich selbst als Feminist zu bezeichnen. Wie in diesem Kapitel untersucht, ist der Feminismus als Ideologie mit schädlichen Unterdrückungsstrukturen verbunden, die sowohl Männern als auch Frauen schaden. Der Feminismus kümmert sich mehr um Männer als jede andere männliche Bewegung da draußen, wie zum Beispiel die Männerrechtsbewegungen: MRAs (Men's Rights Activists, also Männerrechts-Aktivisten) sind besonders antifeministisch. Die Mitglieder behaupten, dass »junge Männer wütend auf den Feminismus sein sollten«,[4] was aggressive Denkweisen bei Männern fördert, im Gegensatz zum Feminismus, der Männer dazu ermutigt, sich von toxischem Denken zu befreien.

Jemand, der sich selbst als männlicher Feminist identifiziert, kann auf verschiedene Arten wahrgenommen werden. Wenn sich ein Mann als Feminist identifiziert, schauen andere Männer oft auf ihn herab, auf eine gewisse Art macht es einen Mann vermeintlich weniger männlich. Einige Männer (und einige Frauen) unterstellen Männern, die sich als Feministen identifizieren, dass sie versuchen, Frauen für sich zu gewinnen, indem sie so tun, als würden sie sich um sie kümmern. Von einigen Frauen wird ein Mann, der sich als Feminist bezeichnet, überschwänglich mit Lob überhäuft und als Verbündeter gefeiert. Das können manche Männer, die sich als Feministen identifizieren, für sich ausnutzen.

Im Zuge der #MeToo-Bewegung teilten viele Frauen öffentlich ihre Erfahrungen mit männlicher Vorteilsnahme: Es war klar, dass dieser Missbrauch nicht ausschließlich von Männern begangen wurde, die offen frauenfeindlich sind, sondern häufig von Männern, die sich selbst als Feministen bezeichnen würden. Das ist einer der Gründe, warum ich mich nicht unbedingt als Feminist identifiziere oder das Gefühl habe, dass Männer generell es tun müssten. Männer sollten nicht dafür belohnt werden, dass sie das Nötigste tun: Frauen als Menschen zu behandeln. Dieser Konsens sollte der Ausgangspunkt für das Gespräch sein und nicht schon den Höhepunkt darstellen.

Männer müssen auch gemeinsam daran arbeiten, das Patriarchat einzureißen und toxische Männlichkeit abzulehnen: Als bell hooks argumentierte, dass »Feminismus für alle da ist«, betonte sie, dass Feminismus nicht nur die Arbeit der Frauen ist oder nur Frauen zugutekommt. Frauen kämpfen nicht dafür, Männern etwas wegzunehmen, sondern für eine wieder ausbalancierte Welt, die es neu zu definieren gilt. Wir alle sollten eine Gesellschaft mit einem fairen und gleichberechtigten Gleichgewicht zwischen den Geschlechtern in Bezug auf Rechte, Zugang, Behandlung, Leistungen und mehr anstreben.

6

SEE YOU AT THE CROSSROADS:

INTERSEKTIONEN
DER MÄNNLICHKEIT

»Das ist doch erfunden, dieses ganze … Du bist ein Mann, also bist du so … Was ich gerade checke, ist, du bist weder Frau noch Mann. Du bist einfach ein Wesen mit vielen Aspekten und Teilen in dir. Ich denke einfach, die Vorstellung, was ein ›Mann‹ ist, wird immer unwichtiger für mich.« *Ned*

Männer sind anders als Frauen, aber Männer unterscheiden sich auch untereinander. Wenn wir »Mann« denken, kommen uns eine Menge Bilder in den Sinn. Wir haben eine Art kollektive Vorstellung davon. Viele denken wahrscheinlich an einen großen, sportlichen Mann mit tiefer Stimme und breiten Schultern und einer gewissen ethnischen Herkunft und sexuellen Orientierung – im Mainstream ist das meistens ein weißer heterosexueller Mann. Oft projizieren wir auf diesen Mann unsere eigenen Vorstellungen davon, wie er sich zu verhalten und auszusehen hat. Alles, was dem nicht entspricht, nehmen wir als Abweichung von der Norm wahr. Dabei gibt es über 7 Milliarden Menschen auf der Erde und knapp 3,5 Milliarden von ihnen sind Männer, deshalb kann und sollte es nicht ein Modell dafür geben, wie ein Mann zu sein hat.

Dominante Kulturen und Ideologien haben ihre Vorstellung von Männlichkeit anderen Nationen und Kulturen einfach übergestülpt und damit versucht, eine sehr einseitige Sicht auf Männlichkeit zu globalisieren. Ein Mann zu sein heißt aber nicht, dass man irgendeinen standardisierten Test bestanden hat mit einem Durchschnittswert, den man entweder erreicht hat oder nicht. Anstatt uns einer Norm von Männlichkeit unterzuordnen, sollten wir offen genug für den Gedanken sein, dass es wunderschöne Variationen von Männlichkeit gibt, und egal, in welcher Form sich diese männliche Identität äußert, wir dadurch nicht weniger »Manns« sind.

DIE ACHSEN DER UNTERDRÜCKUNG

Wenn gesellschaftliche Strukturen analysiert werden im Hinblick auf die Unterdrückung von Personen aufgrund ihrer Identität, dann wird oft nur eine Identitätskategorie betrachtet. Wenn es beispielsweise um die Erfahrungen von Frauen geht, sehen wir oft nur das Geschlecht, und wenn es um die Unterdrückung von Schwulen und Lesben geht, sehen wir oft nur die Sexualität. Diese kommen uns zuerst in den Sinn.

Aber tatsächlich sind es die verschiedensten Teile unserer Identität, die bestimmen, wie die Gesellschaft uns behandelt. Diese Teile unserer Identität sorgen für unseren Platz im System. Manche Teile unserer Identität überlappen sich, einigen haben wir Vorteile und Privilegien zu verdanken, während wir durch andere Teile unserer Identität unterdrückt werden und sie Hindernisse für uns darstellen. Die Feministin Kimberlé Crenshaw hat den Begriff »Intersektionalität« etabliert, der beschreibt, wie institutionelle Unterdrückung sich bei der Diskriminierung Schwarzer Frauen überkreuzt. Dieses Konzept können wir auf die verschiedensten Achsen der Unterdrückung anwenden und herausfinden, was für unterschiedliche männliche Positionierungen es in der Gesellschaft gibt.

Als ein junger Schwarzer heterosexueller Mann, der aus einer Arbeiterfamilie kommt und an der Uni studiert hat und in London lebt, bin ich privilegiert: und zwar als Mann, als Uni-Absolvent und als Einwohner Londons. Weil es jedoch weltweit Rassismus gibt, werde ich aufgrund meiner Race anders behandelt: Das äußert sich in systemischen Nachteilen oder dadurch, dass Leute bestimmte Vorstellungen von mir haben. Ich bin in London aufgewachsen und lebe dort, somit habe ich Zugang zu vielen Jobangeboten im Vergleich zu Leuten, die etwa im Nordosten Englands leben, einer Region, die seit Jahrzehnten unterfinanziert ist. Und eine der höchsten Arbeitslosenraten im Vereinigten Königreich aufweist.

Die Tatsache aber, dass ich ein Geflüchteter bin, hatte einen sehr großen negativen Einfluss auf meine Lebensrealität. Als Kind hatte ich keinen Aufenthaltsstatus und mir wurden sehr viele Dinge verweigert, wie zum Beispiel das Reisen oder Bildung. Ich identifiziere mich als Mann und bin körperlich gesund, habe keine Behinderungen. Deswegen kann ich mich zumeist ohne Probleme mit öffentlichen Verkehrsmitteln fortbewegen und muss mir keine großen Gedanken machen, ob ich vielleicht eine andere Haltestelle wählen sollte, weil die nächstliegende nicht rollstuhlgerecht ist. Männer mit körperlichen Beeinträchtigungen aber müssen sich diese Gedanken machen. Außerdem wäre mein Alltag eventuell in vielerlei Hinsicht anders, wenn ich ein schwuler Mann oder ein trans Mann wäre, oder, wenn ich aus der Mittelschicht käme oder wenn ich auf eine Privatschule gegangen wäre.

Um es noch mal zu sagen, die Identität einer jeden Person geht einher mit einem vielfältigen Mix von Privilegien und Herausforderungen – vieles davon basiert auf Strukturen und Systemen der Gesellschaft. Damit will ich nicht sagen, dass das Leben automatisch und immer leichter oder schwieriger ist, nur weil du einen Aspekt dieser Identitäten hast. Es ist auch nicht zielführend, daraus eine Art Wettbewerb zu machen, wer jetzt besser oder schlechter dran ist, wen strukturelle Unterdrückung am härtesten trifft, als wäre es eine Opferolympiade. Das wäre eine sehr begrenzte Analyse. Die Nuancen sind jedoch wichtig, wenn wir verstehen wollen, dass wir aufgrund unserer Identitäten unterschiedliche Erfahrungen machen und was uns das über die hierarchischen Strukturen in unserer Gesellschaft verrät.

Crenshaw betont diese strukturelle Analyse mit dem Begriff »Intersektionalität«. Für sie ist Intersektionalität ein Prozess, bei dem anerkannt wird, dass diese Diskriminierungsmechanismen sich strukturell und gesellschaftlich abspielen und nicht wie zuvor wahrgenommen als isolierte Einzelsituationen.[1]

Am Ende bleiben Männer Männer und das Patriarchat das Patriarchat. Trotzdem verändert sich die Erwartungshaltung je nach Race, sozialer Schicht, Sexualität und so weiter. Wenn Männer als Mehrheit oder als eine Gruppe angesprochen werden, ist es wichtig, auch die Unterschiede zwischen ihnen zu betrachten.

GESELLSCHAFTSSCHICHT

Die soziale Schicht oder soziale Klasse, aus der jemand kommt, ist für die Aufteilung der heutigen Welt noch immer von großer Bedeutung: Die Gesellschaft differenziert sich in verschiedene soziale Schichten aus, darunter die Eliten an der Macht, die Mittelschicht und die Arbeiterklasse. Oft kann der wirtschaftliche Status einer Person mit der Betrachtung der Klasse verschmelzen. Zum Beispiel könnte man jemand Wohlhabendes, der in einem schicken Auto fährt und einem großen Haus lebt, als Teil der Mittelschicht bezeichnen. Ist diese Person jedoch ein junger Fußballstar, der in einer städtischen Sozialwohnungssiedlung aufgewachsen ist und einen Akzent hat, den man mit Arbeiter-Kids verbindet, würden manche Leute ihn dennoch als Person der Arbeiterschicht betrachten.

Andererseits könnte jemand, der gerne in die Oper oder das Theater geht, allein wegen seines sozialen und kulturellen Horizonts als Teil der Mittelschicht betrachtet und gelabelt werden, aber in Wirklichkeit arbeitet diese Person in einem Callcenter oder einem sehr schlecht bezahlten Job. In welche Schicht dich Menschen oberflächlich einordnen, kann beeinflussen, wie sie dich behandeln. Aber auch die tatsächliche Lebensrealität, die mit der Zugehörigkeit zu einer bestimmten Schicht einhergeht, bestimmt deine finanziellen Umstände, egal ob Zugang zu Bildung, Wohnungen, Anstellungen, Kranken- oder Sozialversicherung.

Männer aus der Arbeiterklasse, also fast ausschließlich weiße Männer aus der Arbeiterklasse, werden im Vereinigten Königreich als »Chavs«, »Cockney« oder »Lads«, also als Prolls bezeichnet. Mit ihnen verbindet man exzessiven Alkoholkonsum, Aggressivität und Gewalt. Ein gutes Beispiel für diese Art Mann wäre eine Kreuzung aus den britischen TV-Charakteren Del Boy, Phil Mitchell und Danny Dyer – mal eben zum Supermarkt gehen, ein kleiner Schlagabtausch und dann ins Pub. In dem Buch *Chavs: The Demonisation of the Working Class* (zu Deutsch: »Prolls – Die Dämonisierung der Arbeiterklasse«) schreibt Owen Jones darüber, wie gefährlich diese Vorurteile sind, denen durch die Medien und den Staat immer wieder neues Leben eingehaucht wird mit »sich überlappenden immer wiederkehrenden Proll-Karikaturen: der Taugenichts, der Faulpelz, der Schnorrer, der psychisch Gestörte und der Wilde«.[2]

Männer aus der Arbeiterklasse werden selten mit positiven Aspekten in Verbindung gebracht wie etwa Intelligenz, Bildung oder Leistung (außer im Sport). Dass dem so ist, wird auf ihr persönliches Scheitern geschoben, während die Forschung jedoch zeigt, dass ihre Hindernisse auf gesamtgesellschaftliches Scheitern zurückzuführen sind. In ihrem Buch *Miseducation: Inequality, Education and the Working Class* beschreibt Diane Reay, dass im Vereinigten Königreich circa 18 Prozent der Ausgaben für die englische Schulbildung sich auf die 7 Prozent der Schulkinder verteilen, die auf Privatschulen gehen, während die Organisation for Economic Cooperation and Development (OECD) bereits 2013 einen Bericht veröffentlichte, aus dem hervorgeht, dass die Schulen Englands zu denen mit der größten gesellschaftlichen Segregation der Industrienationen gehören.[3]

Männlichkeit in der Arbeiterschicht gilt oft als besonders gefährlich, da jegliche Form der Gewalt und Aggression oder sexistische Sprache und Verhaltensweisen ausschließlich mit der Arbeiterschicht verbunden werden. Die Stereotype in Bezug auf die Mittelschicht und Männer aus der Mittelschicht sind ganz andere. Hier wird von intellektuellen, kultivierten und deshalb vermeintlich weniger gewalttätigen Männern ausgegangen. Das ist nicht nur ein klassistischer – Klassismus ist die Diskriminierung aufgrund von sozialer Schicht – Mythos, sondern einer, den Männer aus elitären Kreisen nutzen, um ihre Macht zu missbrauchen und dabei ungesehen zu bleiben.

Ein Freund von mir, dessen Familie aus der Arbeiterklasse kommt, beschrieb seine Erfahrung in einem privaten Bildungsinternat als wesentlich toxischer als das, was er aus dem Umfeld seiner Herkunft gewohnt war, in Bezug auf männlichen Gruppenzwang und Männlichkeitsrituale, die er mitmachen musste. Er spürte, dass seine Form von Männlichkeit in dieser Umgebung fehl am Platz war und ständig angegriffen wurde. Viele private Bildungseinrichtungen, unabhängige Schulen, Internate und Universitäten bieten einen Nährboden für toxische männliche Verhaltensweisen, einschließlich frauenfeindlicher Verhaltenskulturen. Im Jahr 2018 wurden elf Studenten der University of Warwick – einer der besten Universitäten Großbritanniens – wegen sexistischer (und rassistischer) Nachrichten in einem Gruppenchat suspendiert. In dem Chat standen Dinge wie »Lass mal auch ihre Freundinnen vergewaltigen« und »Manchmal macht es Spaß, einfach durchzudrehen und 100 Mädchen zu vergewaltigen« oder »Ich vergewaltige alle Mädels der WG, um ihnen allen eine Lektion zu erteilen«.[4]

RACE

Rechtsextreme Parteien verbreiten bis heute den Mythos, dass die Arbeiterklasse ausschließlich weiß sei. Die Statistiken zeichnen jedoch ein ganz anderes Bild. Der gewerkschaftliche Dachverband TUC veröffentlichte einen Bericht über unsichere Arbeit und ethnische Zugehörigkeit und stellte fest, dass BAME-Gruppen (Black and Minority Ethnic, so werden sichtbare ethnische Minderheiten wie Schwarze Menschen oder Menschen mit asiatischen Wurzeln im Vereinigten Königreich zusammengefasst) auf dem Arbeitsmarkt dauerhaft benachteiligt sind: Jede dritte arbeitnehmende BAME-Person arbeitet prekär, bei Schwarzen ist es jede achte, der Durchschnitt liegt bei jeder siebzehnten Person.[5] Wenn zu der Identität der Arbeiterklasse noch Race dazukommt und ein Mann zu einem Schwarzen Mann der Arbeiterklasse wird, entstehen sofort ganz neue systematische Herausforderungen sowie Provokationen, Stereotypen und Konnotationen. Schwarze Männer, insbesondere im Westen, werden kriminalisiert und hypersexualisiert, schlicht weil sie schwarz sind. Schwarze Männer kommen überproportional mit der Strafjustiz in Berührung, oft für Bagatellen, und in vielen Fällen erhalten Schwarze Männer für dasselbe Verbrechen härtere Strafen als weiße Männer. Ein Bericht der US-Strafkommission ergab, dass Schwarze Männer auf Bundesebene zwischen den Geschäftsjahren 2012 und 2016 19,1 Prozent längere Strafen für dieselben Verbrechen erhielten.[6]

Schwarze Männer werden auch häufiger von der Polizei angehalten und durchsucht als weiße Männer.

Ein Forschungsbericht von Gov.UK über Personenkontrollen und Durchsuchungen ergab, dass in den Jahren 2017 bis 2018 in England und Wales die Wahrscheinlichkeit, dass Schwarze von der Polizei angehalten und durchsucht werden, neuneinhalbmal höher lag als bei Weißen.[7]

In meinen Teenagerjahren und als Erwachsener gab es sehr häufig Situationen, in denen ich von der Polizei angehalten wurde, weil ich »verdächtig« aussah oder auf eine bestimmte Beschreibung gepasst habe, dabei habe ich ganz gewöhnliche Dinge gemacht, wie Leute sie jeden Tag tun, zum Beispiel nach Hause laufen oder shoppen gehen. Staatliche Organe, aber genauso Zivilpersonen behandeln dich mit besonderem Misstrauen, wenn sie dich irgendwo sehen, wo sie dich nicht vermuten. Ich wurde schon so oft einfach angehalten, sei es von Sicherheitskräften oder willkürlich von anderen Anwesenden beim Betreten von bestimmten Institutionen oder Organisationen, insbesondere wenn ich dort als Gastredner oder Moderator eingeladen war. Der überraschte Ausdruck auf den Gesichtern der Leute, wenn ich nach vorn komme, ist überall der gleiche. Es gibt auch das Klischee des »Gangsters«, des »Ghetto-Jungen«, der Drogen dealt und kriminell ist. Mit diesem Bild müssen sich viele Schwarze Männer herumschlagen. Ich wurde von Nicht-Schwarzen schon so oft gefragt, ob ich Drogen verkaufe oder ob ich weiß, wo man Drogen herbekommen kann. Ich werde für gewöhnlich immer nach Cannabis/Gras gefragt, was insofern schon ironisch ist, da Island weltweit den größten Cannabis/Gras-Konsum verzeichnet, 18,3 Prozent der isländischen Bevölkerung rauchen die Droge.[8] Dabei werden Menschen aus Island nie mit diesem Klischee oder der Droge selbst verknüpft.

SEXUALITÄT

Die Beziehung zwischen Sexualität und Männlichkeit hat eine lange und komplexe Geschichte und bleibt ein wichtiger Spannungspunkt in der männlichen Identität. Schwule Männer und sogar heterosexuelle femme Männer (also das männliche Äquivalent zu femme Frauen, sprich Männer, die sich vermeintlich feminin verhalten beziehungsweise als eher effeminiert gelesen werden) sind Bedrohungen ausgesetzt und leiden häufig sogar unter Gewalt durch homophobe heterosexuelle Männer in der Gesellschaft. Eine Umfrage des Pew Research Center in den USA ergab, dass 92 Prozent der Erwachsenen aus der LGBTQ-Community finden, dass die

Gesellschaft in den letzten zehn Jahren (2003 bis 2013) sie stärker akzeptiert, doch nur 55 Prozent der Befragten beurteilten schwule Männer als akzeptiert im Vergleich zu 37 Prozent in 2003.[9]

Die USA sind ein Ort, der im Vergleich zu anderen Orten auf der Welt als fortschrittlich eingestuft wird. In Uganda beispielsweise wird Homosexualität immer noch kriminalisiert. Dennoch ist Homophobie noch immer zentraler Bestandteil der westlichen Gesellschaft. Schwule Männer werden oft als schwächere Männer betrachtet, die von der Männlichkeit abweichen. Darüber hinaus wird Männern keine sexuelle Fluidität gewährt. Wenn es um männliche Sexualität geht, gelten sie oft entweder als hetero oder als nicht hetero, ergo schwul. Queere oder bisexuelle Männer werden oft aus dem Spektrum der männlichen Sexualität gestrichen. Andererseits scheint es akzeptabel, dass Frauen offen mit ihrer Sexualität umgehen – da muss man nur an den Song »I Kissed A Girl« denken, in dem es heißt »Ich hab ein Mädchen geküsst, und ich mochte es«. Auch das ist ein Nebenprodukt des Patriarchats und sorgt dafür, dass es sich bei homosexueller und anderweitig queerer weiblicher Sexualität um männliche Fantasien dreht.

Die Tabus um queere und bisexuelle Männer können sie sowohl von Männern als auch von Frauen entfernen, die sie auf unterschiedliche Weise als nicht Mann genug betrachten. In einer Gesellschaft, in der Männer anderen Männern gegenüber überwiegend gewalttätig sind, ist ein Mann, der einen anderen Mann liebt, ein radikaler, progressiver Akt. Wie kann es sein, dass wir als Gesellschaft männliche Gewalt eher akzeptieren als männliche Liebe? Männliche Liebe sollte normalisiert werden, um männliche Gewalt zu bekämpfen.

»Ich war zutiefst beschämt, weil ich mir das angeguckt habe, was ich da angeguckt habe, und es gab niemanden in meinem Umfeld, der schwul war … Und alles, woran ich denken konnte, war: Warum bin ich nicht wie alle anderen Männer um mich herum? Ich hatte Angst, ich habe mich jahrelang dafür fertiggemacht. Ich finde, ein schwuler Mann unter heterosexuellen Männern zu sein führt dazu, dass sie die Freundschaft mit dir als eine Art Ventil für ihre Gefühle nehmen und dir eine Seite von sich enthüllen, die sie normalerweise ihren (heterosexuellen) Freunden nicht offenbaren würden. Ich habe auf diese Weise einige Freundschaften mit heterosexuellen Männern aufgebaut, das hat eine ganz andere Dynamik.« *Elrick*

TRANS UND GENDER FLUIDITY

Der Kolonialismus – die totale politische, wirtschaftliche und kulturelle Ausbeutung und Herrschaft einer Nation über eine andere – war einer der wichtigsten Faktoren, wie Sexualität in der Geschichte und heute wahrgenommen wird, insbesondere im Globalen Süden, in Afrika, Asien, Südamerika und dem Nahen Osten (oft als »Dritte Welt« oder »Entwicklungsländer« bezeichnet). Der Kolonialismus führte schließlich in vielen dieser Länder zur Kriminalisierung von Homosexualität, insbesondere in afrikanischen Ländern wie Uganda, Nigeria, Simbabwe, in Ländern wie dem Sudan und Mauretanien wurde sogar die Todesstrafe verhängt. Der Kolonialismus war deshalb so wirkungsvoll, weil er mit dem religiösen Imperialismus einherging, den Missionaren, die Menschen zum Christentum oder Islam konvertierten und gleichzeitig die Lebensweise und Überzeugungen auslöschten, die zuvor praktiziert und überliefert wurden. Homosexualität wurde in Afrika lange vor der europäischen Eroberung praktiziert, sagt die Autorin Bernardine Evaristo, die sich auf Felsmalereien der San in Simbabwe bezieht, die Analsex zwischen Männern zeigen. Evaristo argumentiert auch, dass Homophobie tatsächlich erst nach Afrika importiert wurde – zuvor wurde Sexualität als etwas angesehen, was fließend und frei zwischen allen Geschlechtern war.[10]

In vorkolonialen Gesellschaften auf der ganzen Welt waren Sexualität und Geschlecht fluide, frei und nicht streng binär beschränkt. Zum Beispiel sind die Hijra transidente und intersexuelle Personen, die seit Jahrhunderten in Indien und Südasien leben. In vielen dieser Länder wie Nepal, Pakistan, Indien oder Bangladesch sind sie offiziell als weder männlich noch weiblich anerkannt, sondern als ein drittes Geschlecht.

Ich besuchte ein Literaturfestival in Kerala in Indien zusammen mit vielen Personen aus dem Literaturbetrieb aus der ganzen Welt. Eines Abends sprach ich während des Essens mit einem älteren Herrn; einem Professor von einer Eliteuniversität im Vereinigten Königreich. Das Thema war Geschlechterfluidität und die Gesetzesänderungen in Indien, um ein drittes Geschlecht legal anzuerkennen. Seine Antwort lautete: »Endlich, es ist gut zu sehen, dass Indien einige Fortschritte zeigt, nachdem sie so lange rückschrittlich waren.« Ich war schockiert darüber, insbesondere angesichts seines Bildungsstandes. Ich antwortete: »Eigentlich war die Geschlechterfluidität in Indien vor Jahrhunderten ein ganz normales Konzept, bis die Briten kamen und es aus ihnen herauskolonisierten.« Er hatte keine Antwort darauf, stammelte nur leise vor sich hin.

Das Konzept von mehr Geschlechteridentitäten als das typische binäre System aus männlich und weiblich ist auch ein großer Teil der Kultur und Gesellschaft der amerikanischen Urbevölkerung, in der bis zu fünf Geschlechter anerkannt werden. Walter

L. Williams, Professor für Anthropologie und Gender an der University of Southern California, schreibt, dass bei den amerikanischen Ureinwohner*innen intersexuelle oder androgyne Personen sowie weibliche Männer und männliche Frauen in der Regel hoch angesehen waren und dass der häufigste Begriff, um eine solche Person zu definieren, »Zwei-Geist« sei.[11]

In meiner kongolesischen Kultur und in vielen Kulturen auf der ganzen Welt wurde historisch geschlechterfluiden oder transidenten Menschen oft ein erhöhter Status in der Gesellschaft eingeräumt. Sie wurden oft als höhere spirituelle Wesen angesehen, deren Kreativität sich in Kunst, Gesang und Tanz ausdrückte.

Im vorkolonialen Königreich Kongo, um das 15. Jahrhundert, wurde das Konzept des Geschlechts durch eine populäre Schöpfungsgeschichte veranschaulicht, die besagte, dass der ursprüngliche Mensch, das perfekte Wesen, das vom Himmel auf die Erde herabstieg und *Kimahungu* hieß, sowohl weiblich als auch männlich war, also gleichzeitig Mann und auch Frau. Es bevölkerte die Erde, indem es sich mit sich selbst vermehrte und sich auf der ganzen Welt ausbreitete. Der kongolesische Historiker, Theologe und Professor Dr. Kiatezua Lubanzadio schreibt darüber ausführlich.[12]

Viele dieser Theologien wurden infolge des Kolonialismus (der sie als böse, heidnisch oder rückwärtsgewandt bezeichnete) ausgelöscht. Es gibt jedoch Überreste dieser Ideen, die in der modernen kongolesischen Kultur noch existieren. In Lingala (einer der vier Hauptsprachen in der DR Kongo) heißt die linke Hand beispielsweise *Liboko ya mwasi* und die rechte Hand heißt *Liboko ya mobali*, was die Hand der Frau beziehungsweise die Hand des Mannes bedeutet. Es ist eine symbolische Darstellung dessen, dass sowohl das Weibliche als auch das Männliche in jeder Person steckt, wie es ursprünglich im *Kimahungu*-Mythos des Kongo-Volkes gedacht war.

Die Realität für geschlechtsspezifische, nicht binäre oder trans Menschen in der modernen Gesellschaft ist jedoch weit entfernt von einem erhöhten Status. Sie sind vielmehr dem Risiko von Spott, Ausgrenzung, Marginalisierung und häufig Gewalt oder Tod ausgesetzt. Gewalt gegen trans Menschen nimmt weltweit zu, 2018 wurden 396 Morde an trans Personen gemeldet, die Mehrheit davon in Brasilien, Mexiko, den Vereinigten Staaten und Kolumbien. In den Vereinigten Staaten war die Mehrheit der getöteten Opfer Schwarze trans Frauen und/oder indigene trans Frauen.[13]

Ganz zu schweigen von der Tatsache, dass viele trans Personen Gewalt und Missbrauch ausgesetzt sind, die sie den Behörden nicht melden – oft aus Angst, von ebenjenen Behörden, in denen Transphobie häufig weit verbreitet ist, weiter angegriffen oder verspottet zu werden: Dies bedeutet, dass die Anzahl der Angriffe in Bezug auf trans Menschen sicherlich höher ist als in der Statistik. Im Juli 2017 twitterte Präsident Trump, dass trans Personen nicht zum Militär zugelassen werden dürften, während zur gleichen Zeit das Justizministerium den Schutz für transidente Insassen in Gefängnissen, der von Präsident Obama eingerichtet wurde, zurückgenommen hat.

»Mein Weg zu einer Identität als gender-nonkonforme Person war etwas, was ich erst gefühlt habe, wofür ich aber erst später Worte gefunden habe.« *Tom*

Das Konzept von Gender und einer fluiden sexuellen Identität kann in einer Welt, die heteronormative strenge geschlechtsspezifische Binäre auferlegt, eine schwer zu erfassende Realität sein. Ich bin mit einem religiösen Hintergrund aufgewachsen: Meine kongolesische/afrikanische Kultur ist sehr religiös. Das Christentum ist in Subsahara-Afrika allgemein sehr dominant. Der Begriff der Geschlechts- oder sexuellen Fluidität galt als abscheulich, mir wurde beigebracht, er sei eine Abweichung davon, wie die Welt geschaffen wurde oder sein sollte. All das geschah, lange bevor ich überhaupt eine eigene sexuelle Orientierung entwickelte.

Stell dir vor, du bist ein fünfjähriger Junge, dem gesagt wird, dass jeder Junge, der einen anderen Jungen mag, für immer in der Hölle brennen wird – ein schrecklicher Gedanke. Als ich mich schließlich von dem entfernte, was mir beigebracht wurde, und anfing, mich in spirituelle und religiöse Überzeugungen einzulesen, die vor dem Christentum oder anderen abrahamitischen Glaubensrichtungen in vorkolonialen Gesellschaften existierten, erfuhr ich, wie normal und akzeptiert geschlechter- und sexuell fluide Menschen bereits in den ältesten Gesellschaften waren und dass wir uns davon nicht verwirren lassen sollten.

Oft halten Menschen an binären und starren Wahrnehmungen von Geschlecht und Sexualität fest, weil dies ihre heteronormative Identität und ihren Glauben an die patriarchalische Hierarchie stärkt. Sie sehen Gender und eine fluide sexuelle Identität als Bedrohung für die Norm, eine Bedrohung für sich selbst. Langsam jedoch werden Fortschritte erzielt, da genderfluide und trans Menschen in den Mainstream-Medien und in der Gesellschaft sichtbarer und besser vertreten werden.

Zum Beispiel identifiziert sich der amerikanische Schauspielstar Amandla Stenberg als nichtbinär, das bevorzugte Pronomen von Stenberg ist »they« oder »them« (und nicht »he« oder »she«). Stenberg hat darüber gesprochen, wie wichtig das ist. Laverne Cox, Schauspielerin und trans Frau, erzählte in einem Interview mit dem *Time Magazine* von ihren Erfahrungen und sagte: »Die Menschen müssen bereit sein, sich davon zu lösen, was sie zu wissen glauben, was einen Mann oder eine Frau ausmacht. Das muss nicht unbedingt irgendetwas Vorgegebenes bedeuten.« Auf die Frage, warum sich ihrer Meinung nach so viele Menschen unwohl fühlen im Umgang mit Transidentität, antwortete sie: »Menschen wollen die Welt um sich herum nicht kritisch befragen. Immer wenn ich Angst vor etwas habe oder von etwas bedroht bin, liegt es daran, dass es eine Art Unsicherheit in mir hervorruft.«[14]

Die Art und Weise, wie wir die Welt und die Menschen in ihr wahrnehmen, wird maßgeblich von vielen Faktoren wie Kultur, religiösen und spirituellen Überzeugungen, unseren individuellen Erfahrungen sowie der Ära, in die wir hineingeboren werden, geprägt. Was vor 800 Jahren in einer vorkolonialen Gesellschaft normal war, kann in einer modernen, westlich geprägten globalen Welt heute als unnormal angesehen werden und umgekehrt.

Was bleibt, ist, dass nichts jemals absolut oder dauerhaft ist. Überzeugungen ändern sich, Normen ändern sich, Ideen ändern sich. Vielleicht muss sich auch die Art und Weise ändern, wie wir Geschlecht und Sexualität in der heutigen Zeit betrachten. Es gibt nicht den einen Weg, ein Mann zu sein, so wie es nicht den einen Weg gibt, eine Frau zu sein, oder nicht nur den einen Weg gibt, nichtbinär zu sein. Wenn wir uns selbst oder anderen Menschen feste Vorstellungen aufzwingen, begrenzen wir unser Potenzial, uns als unser wahres Selbst wohlzufühlen, und zudem riskieren wir Entfremdung. Es bleibt die Notwendigkeit, die gelebten Erfahrungen des anderen zu verstehen und von den Realitäten anderer zu lernen, die den unseren ähnlich sind, aber auch von denen, die sich von uns unterscheiden. Daran können wir wachsen und ein besseres Verständnis für alle Menschen erlangen, damit wir für eine Welt kämpfen können, in der Menschen nicht marginalisiert werden, nur weil sie sie selbst sind.

7

IT GOES DOWN
IN THE DMS:

MÄNNLICHKEIT IN ZEITEN
VON SOCIAL MEDIA

Durch die sozialen Medien kann unsere Generation idealisierte Versionen ihrer selbst in die Außenwelt tragen. Es dominieren Videos, Bilder, Memes, Hashtags, Markierungen und Tweets. Wir folgen anderen Leuten, die sich im bestmöglichen Licht präsentieren, und glauben einander jeweils, dass das, was die jeweilige Person zeigt, auch der Wahrheit entspricht. Die Social-Media-Seiten der frühen Zweitausender wie MySpace, Hi5, Bebo oder MSN Messenger oder auch Chatrooms waren alle speziell für Browser gemacht und konnten nicht wie heute jederzeit auf dem Smartphone bedient werden, sie waren noch begrenzter in Bezug auf den Zugriff. Du musstest dich an deinen PC setzen, um auf den sozialen Medien etwas zu posten, was die Gesamtzahl der gleichzeitig eingeloggten User stark beschränkte. 2018 rühmten sich einige der größten Social-Media-Plattformen wie Facebook, YouTube, Instagram und Twitter hoher Userzahlen von 2,23 Milliarden, 1,8 Milliarden, 1 Milliarde und 335 Millionen. China, das bevölkerungsreichste Land der Welt, hat eine Bevölkerung von 1,4 Milliarden Menschen, Indien 1,3 Milliarden, die Vereinigten Staaten 333 Millionen, Nigeria 185 Millionen und Mexiko und Japan jeweils 127 Millionen. Das Vereinigte Königreich hat 65 Millionen, Deutschland 83 Millionen. Dieser Sichtweise zufolge könnte man argumentieren, dass Facebook das größte digitale Land der Welt ist.

Wenn eine Social-Media-Plattform ein Land wäre, hätte es wie alle Länder eine eigene Kultur, eigene Normen, Werte, Überzeugungen und Ideen, die intern und extern entstehen und sich auch im Rest der Welt verbreiten. Social-Media-Plattformen verfügen in der Tat über all dies. Und sie haben, ähnlich wie die Bevölkerung eines Landes, ihre eigene Art, diese Ideen in der Community zu verbreiten.

#MASCULINITYSOFRAGILE

Auf allen Social-Media-Plattformen lassen sich sehr schnell deutliche und vielsagende Vorstellungen von Männlichkeit finden, die im normalen Alltagsleben nicht so schnell erkennbar wären. Schon ein einziger Post kann reichen, um Aufschluss über die Denkweise einer Person zu erhalten, was sonst viel länger dauern würde. Auf Twitter antwortete beispielsweise ein Nutzer auf einen Tweet, in dem die Frage »Wie zerbrechlich ist deine Männlichkeit?« gestellt wurde:

> Ich war mit diesem Typen im Fitnessstudio, und wir machten Schulterübungen mit einer 15-kg-Hantel. Er sah eine Frau, die dieselbe Übung wie wir mit demselben Gewicht gemacht hat. Der Typ drehte sich zu mir um und sagte: »Ich nehm doch nicht das gleiche Gewicht wie diese Frau.« Und hat noch mal 1 Kilo draufgepackt.

Ein weiterer Social-Media-Post zeigt folgenden Nachrichtenverlauf zwischen einem Mann und einer Frau:

> MANN: Warst du auf dem Taylor-Swift-Konzert?
> FRAU: jaaaaa, haha
> MANN: geile Show lol
> FRAU: OMG ja. Hast du sie auch gesehen?
> MANN: Ich bin nicht schwul, aber ja.

So scherzhaft diese Tweets auch sind, sie geben uns einen Einblick in das, was die Menschen heute als »fragile« Männlichkeit bezeichnen. Einige online geteilte Männlichkeitserfahrungen sind jedoch nicht so harmlos und ziemlich bedrückend. Unter dem Hashtag #failingmasculinity bin ich auf diesen Tweet gestoßen:

> (meine) Mama starb, als ich 10 war. Papa hat mich oder meine Brüder nie umarmt, als wir geweint haben, weil »Männer umarmen andere Männer nicht«.

KÖRPERBILD

Die moderne Männlichkeit ist von der digitalen Welt beeinflusst. Ob über Instagram, Snapchat oder YouTube, wir alle werden mit einem bestimmten Bild und bestimmten Lebensstilen konfrontiert. In der Regel wird das verzerrte Körperbild als ein Problem angesehen, von dem fast ausschließlich Frauen und Mädchen betroffen sind. Untersuchungen haben gezeigt, wenn weibliche Personen idealen Frauenbildern ausgesetzt sind, wird ihre Selbstwahrnehmung und ihr Selbstwertgefühl negativ beeinflusst. Viele Marketing- und Werbebranchen setzen bei Kampagnen für junge Frauen auf sexistische Motive. Gruppen wie Level Up fordern mit Gegenkampagnen sexistische Medien und frauenfeindliches Marketing heraus.

Es wurde jedoch kaum untersucht, wie solche Bilder die Selbstwahrnehmung von Männern beeinflussen können. Statistiken zeigen beispielsweise, dass im Vereinigten Königreich die Zahl der Männer, die von ihren Ärzten wegen Wahrnehmungsstörungen des Körperbilds und Essstörungen in Krankenhäuser überwiesen wurden, in den letzten zwei Jahren um 43 Prozent gestiegen ist.[1] Eine 2017 durchgeführte Umfrage unter hundert Männern zum Thema Körpervertrauen und soziale Medien der amerikanischen Ausgabe von *Men's Health* ergab, dass jeder dritte Mann den Druck verspürte, auf den sozialen Plattformen gut auszusehen. 45 Prozent verspürten den Druck, Bilder zu bearbeiten oder zuzuschneiden, um besser auszusehen. 46 Prozent machten mehrere Selfies, um das richtige zu finden. Darüber hinaus berichtete jeder zwanzigste Mann, dass er in den sozialen Medien wegen seines Aussehens oder Gewichts gehänselt, getrollt oder anderweitig für seinen Körper geächtet wurde, also sogenanntes Bodyshaming erlebt hat.[2]

Beim Gedanken an Instagram fallen einem gleich adonisgleiche definierte Männerkörper ein. Körper, die normalerweise nur Profisportler haben, scheinen für den durchschnittlichen Jungen nach ein paar Trainingseinheiten, Protein-Shakes und Diäten plötzlich leicht erreichbar zu sein. Ein idealer Körpertyp wird zu etwas, was durch »harte Arbeit« erlangt werden kann, ohne wichtige andere Faktoren zu berücksichtigen, wie beispielsweise, ob man körperlich gesund ist oder eine Behinderung hat, das Erbgut, die soziale Schicht und somit Zugang zu Wohlstand. Aber was wir am wenigsten vergessen sollten, ist, dass es absolut in Ordnung ist, keine gemeißelten Waschbrettbauchmuskeln zu haben. Dass wir keine

Baywatch-Körper brauchen, die gleich tausend Likes auf Instagram bekommen.

In einem Artikel der Michigan University School of Journalism über das männliche Körperbild sagt Bodybuilder Abe Oloko:

>»Mehr denn je werden Männer unter Druck gesetzt, der ideale Mann zu sein, und das Körperbild hängt offensichtlich damit zusammen (…) Früher war es nicht wirklich wichtig. Ein Mann wurde daraufhin untersucht, was er als Mann tun und ob er ein Versorger sein kann, aber jetzt geht es mehr darum, wie du aussiehst.«

In demselben Artikel fügt der Trainer und Fitnessguru Phil Williams hinzu, dass ihm, wenn er einen Kunden fragt, was dieser sich vom Personal Training erhoffe, normalerweise »jedes Mal« ein Bild von einem Mann aus den sozialen Netzwerken gezeigt wird. »Es ist eine falsche Darstellung davon, wie Menschen tatsächlich sind, und auch davon, wie Fitnesstraining wahrgenommen werden sollte.«[3]

Instagram ist auf das Bearbeiten und Filtern angewiesen. Es lebt davon, dass Leute mit Licht, Winkeln und Position herumspielen, und fördert einen Körperelitismus, der für die Mehrheit absolut unerreichbar ist. Ins Fitnessstudio zu gehen, um Sport zu treiben und sich fit zu halten, ist für sich genommen nichts Negatives. Es ist für viele Männer, und ich schließe mich da selbst ein, von Vorteil, um Stress abzubauen und in einen gesünderen geistigen und körperlichen Zustand zu gelangen. Wenn sich die Wurzel dieses Wunsches nach Fitness jedoch zu einem ungesunden oder obsessiven Ziel entwickelt, das auf dem Erreichen eines veränderten, nahezu unmöglich zu erreichenden Körperbildes beruht, kann das große Selbstwertprobleme verursachen und toxisch werden. Es kann zu einem extremen Wettbewerb unter Männern führen – schau dich doch einfach mal in einem beliebigen Fitnessstudio um.

Social-Media-Plattformen haben auch den Materialismus beeinflusst, was wiederum Menschen krass unter Druck setzt. Der Materialismus bringt Leute dazu, dem Geld eine große Bedeutung beizumessen, und weckt den Wunsch in ihnen, viele Dinge zu besitzen. Eine Studie der Ruhr-Universität Bochum aus dem Jahr 2017 zum Thema Materialismus und Nutzung sozialer Medien mit dem Titel »Materialists Collect Facebook Friends And Spend More Time On Social Media« (zu Deutsch: »Materialistische Personen sammeln Facebook-Freunde und verbringen mehr Zeit in den sozialen Medien«) ergab, dass materialistische Menschen Facebook häufiger nutzen, weil sie dadurch ihre Facebook-Kontakte zu Objekten machen und sich gesellschaftlich vergleichen können.[4] Der Vergleich mit anderen kann die Ursache für Gefühle persönlicher Unzulänglichkeit oder geringen Selbstwertgefühls sein. Wenn dir ständig gezeigt wird, dass du nicht genug hast und dass alle anderen mehr haben – besonders wenn es so aussieht, als ob Reichtum und materielle Dinge leicht zu erlangen wären –, hast du das Gefühl, dass etwas mit dir nicht stimmt, weil dir diese Sachen fehlen. Was dazu führen kann, dass du dich unter Druck gesetzt fühlst, ständig mehr besitzen zu müssen, um glücklich zu sein. Diese Dynamik ist eines der Grundprinzipien einer kapitalistischen Gesellschaft und hängt eng mit der Entstehung von psychischen Gesundheitsproblemen zusammen.

Durch Social-Media-Plattformen haben Lifestyle-»Influencer« immer mehr an Popularität gewonnen. Wir sehen ihre Jetset-Leben, ihre Reisen mit Privatfliegern und Aufenthalte in luxuriösen Hotels, wie sie das inzwischen berühmt-berüchtigte Fyre Festival bewerben, dass sich als Fake herausgestellt hat. Inzwischen stehen Luxusmarken wie Balenciaga oder Christian Louboutin auch bei

Durchschnittsverdienenden immer höher im Kurs. Als ich Anfang der 2000er ein Teenager war, waren Leute wie wir garantiert nicht die Hauptzielgruppe dieser Marken und daher auch nicht durch ihre Werbung angesprochen. Das hat sich erheblich verändert in der neuen Social-Media-Kultur. Im Englischen gibt es den Begriff »Hype Beast«. Ein »Hype Beast« ist jemand, der von Mode-Hypes besessen ist und immer alles über die neuesten Modetrends wissen muss, ähnlich wie ein sogenanntes Fashion-Victim.

Die britische Beratungsfirma Deloitte hat eine Studie über Millennials (18 bis 34 Jahre) und ihre Ausgaben für Luxusmarken durchgeführt. Die Studie heißt »Bling It On« (zu Deutsch: »Hol dir den Bling«). Auf die Frage »Wie interessiert sind Sie an High-End-Mode- oder Luxusartikeln (ein Artikel, der nicht als notwendig erachtet wird)?« antworteten über 63 Prozent mit »sehr interessiert«. Und auf die Frage »Wie erfahren Sie mehr über die neuesten Trends bei High-End-Mode- oder Luxusartikeln?« antworteten über 20 Prozent mit »in den sozialen Medien«. 15 Prozent gaben die Website der Marke als Quelle an und 14 Prozent Modemagazine. Bei einer Umfrage unter mehr als tausend Personen kam YPulse, ein Jugendmarketing- und auf Millennials spezialisiertes Forschungsunternehmen, zu dem Schluss, dass die folgenden unter den zwanzig meistgesuchten Luxusmarken (in keiner bestimmten Reihenfolge) bei den Dreizehn- bis Vierunddreißigjährigen waren: Apple, Tesla, Michael Kors, Louis Vuitton, Rolex, Ferrari, Christian Louboutin und einige weitere.[5]

TWITTER-TROLLE UND
FRAUENFEINDLICHKEIT

Die digitale Revolution und der Anstieg der Nutzung sozialer Medien fielen in den letzten Jahren auch mit einer deutlichen Zunahme von Frauenfeindlichkeit zusammen. Viele Menschen, insbesondere Männer, verstecken sich hinter anonymen Twitter-Handles und erstellen »Troll«-Konten, um nicht identifiziert werden zu können. Sie nutzen ihre Anonymität, um Frauen anzusprechen und zu belästigen – überwiegend Frauen mit einer hohen Zahl Follower und Frauen, die oft noch einer weiteren Minderheit oder marginalisierten Gruppe angehören. Sie bombardieren diese Frauen mit frauenfeindlicher Belästigung, Androhung von körperlicher Misshandlung oder sexuellen Übergriffen. Sie versuchen dabei oft, ihre selbst erklärte Machtposition gegenüber Frauen auszuspielen, während sie sich hinter einem Computerbildschirm verstecken.

Wie wir in Kapitel 4 besprochen haben, haben viele Shooter ursprünglich vor einem Computerbildschirm gehockt, doch ihre Beschimpfungen und die Gewalt können sich auch ins wirkliche Leben übertragen und dort fatale Folgen haben. Frauenfeindlichkeit im Netz ist besonders bösartig, da sie als Stummschaltungsstrategie verwendet und als Phänomen häufig ignoriert wird – auch von den Administratoren auf Facebook und Twitter. In einer Umfrage in acht Ländern von *New Statesmen* kam heraus, dass ungefähr 23 Prozent der Frauen Online-Beschimpfungen erfahren hatten, von 16 Prozent in Italien bis hin zu 33 Prozent in den USA (das ist jede dritte Frau).[6]

Eine andere, im *Guardian* erschienene Forschungsstudie ergab, dass international mehr als 200 000 aggressive Tweets, gesendet über einen Zeitraum von drei Wochen gegen Ende April 2016 an 80 000 Personen, die Wörter *slut* (zu Deutsch: »Schlampe«) und *whore* (zu Deutsch: »Hure«) enthielten.[7] Dies zeigt, wie schnell und leicht Frauenfeindlichkeit in den sozialen Medien gedeihen kann. Am überraschendsten ist, dass es sich bei den frauenfeindlichen Netztätern genauso um Teenager wie um verheiratete Männer mit Kindern handelt. Die männliche Selbstgefälligkeit greift in allen Altersgruppen und ist nicht einfach der Unreife einiger Männer geschuldet. Frauenfeindlichkeit ist nichts, woraus wir ganz natürlich herauswachsen.

Eine Reihe von Frauen haben schon ausführlich über unerwünschte Schwanzbilder, sogenannte Dick Pics, geschrieben, hauptsächlich in Blogs und Artikeln. Obwohl die ungewollte Konfrontation mit unanständigen oder expliziten Inhalten nichts Neues ist, ist sie im digitalen Zeitalter immer häufiger geworden, insbesondere durch Dating-Plattformen wie Tinder und Match. 49 Prozent der Frauen haben bei Match ein unerwünschtes Schwanzbild erhalten.[8] Das Senden unerwünschter Dick Pics kann über E-Mail erfolgen, aber auch in Chats: Dating-Apps wie Tinder haben darauf reagiert, sodass in der App direkt keine Fotos geschickt werden können. Besonders heimtückisch ist in diesem Zusammenhang Snapchat, denn da werden die Fotos nach 24 Stunden dauerhaft gelöscht. Es sei denn, jemand macht einen Screenshot, aber das würden die Männer dann bemerken. Männer können sich diesen Umstand zunutze machen und in die digitale Privatsphäre einer Person eindringen. Aber warum schicken Männer unaufgefordert Schwanzbilder? »Unaufgefordert« ist hier das Schlüsselwort. Das Senden unerwünschter Bilder verstärkt die Machtdynamik – Männer fühlen sich dadurch mehr als Männer. In vielerlei Hinsicht ist es eine sexuell aggressive Handlung, ähnlich wie das Hinterherpfeifen auf der Straße, eine Handlung, durch die Männer versuchen, ihre Männlichkeit und Begehrlichkeit zur Schau zu stellen.

EIN DIGITALER SILBERSTREIF
AM HORIZONT?

Wir haben gesehen, dass soziale Medien und die Online-Welt in vielerlei Hinsicht Raum schaffen für das Gedeihen von toxischer Männlichkeit: eine Arena, in der Männer die Kontrolle ausleben können, die ihnen in der Gesellschaft ohnehin gewährt wird, und Frauen trollen und digital belästigen können, wenn sie das Gefühl haben, diese Macht zu verlieren. Traditionelle, toxische oder stereotype Vorstellungen von Männlichkeit werden aber auch mithilfe der sozialen Medien neu hinterfragt. Zum Beispiel haben die Mitglieder der K-Pop-Band Bangtan Sonyeondan (BTS) buntes Haar, farbenfrohe Kleidung, hübsche Gesichter, tragen oft Make-up und wechseln nahtlos in ihrem Image zwischen dem, was in gewisser Weise als männlich und weiblich angesehen wird, was spannend und transformativ anzusehen ist. Es hat eine besondere Schlagkraft, weil es die stereotype ostasiatische Männlichkeit herausfordert, die durch Populärkultur und Film oft mit Klischees wie Kampfkunst oder nerdigem Strebertum verbunden wird.

Kehinde Wiley, ein afroamerikanischer Künstler, inszeniert Schwarze Männlichkeit durch zarte Porträts Schwarzer Männer in selbstbewussten, kühnen Posen vor farbenfrohen, extravaganten und blumigen Kulissen neu. Ein besonders herausragendes Stück ist sein Porträt des ehemaligen Präsidenten der Vereinigten Staaten Barack Obama vor einem grünen Hintergrund. Der Fotograf Joseph Barrett verwendet in seiner Serie *The Male Gaze* eine Sammlung intimer Porträts seiner Freunde, in denen er versucht, sie ohne jegliche Geschlechterstereotype abzubilden. Barrett sagt in einer Sendung von *Hunger TV*: »Ich denke, es ist notwendig, dass Menschen Fotos ohne Implikationen auf Geschlecht und sexuelle Orientierung sehen.«

Die Netflix-Serie *Queer Eye* ist ein fantastisches Beispiel dafür, wie traditionelle Männlichkeit auf den Kopf gestellt werden kann, vor allem wenn es um sexuelle Orientierung geht. Die Show folgt fünf schwulen Männern, und in jeder Folge müssen sie sich einer neuen Herausforderung stellen. Normalerweise ist das ein Mann, dessen Leben sie mit ihrem »queeren« Blick umkrempeln müssen. Ihre Aufgabe ist es, den Sinn für Kleidung, Stil, Wohlbefinden und Selbstbewusstsein des Mannes zu verbessern. Dabei entfernen sich die Protagonisten vom traditionell männlichen Bild eines Mannes, dem Pflege oder Aussehen egal sind. Die erste Folge zeigt, wie die fünf Männer Leben und Selbstwertgefühl des Siebenundfünfzig-jährigen Tom, eines Mechanikers und Truckers aus Georgia, ver-ändern, der anfangs über sich selbst sagt: »Hässlichkeit kann man nicht reparieren.« Mit Tom teilen die Männer Momente der Nähe und reflektieren dunkle Zeiten. Letzten Endes öffnet sich Tom so sehr, dass er anfängt zu weinen und mit den Männern eine Freund-schaft aufbaut.

Es gibt auch eine Reihe von Blogs wie *Woke Daddy* und *The Good Men Project*, die alternative, progressive Diskussionen über Männ-lichkeit aufzeigen wollen.

Diese positiven Seiten weisen darauf hin, dass in der dunklen Wolke von Frauenfeindlichkeit und toxischer Männlichkeit, ins-besondere im digitalen Zeitalter, ein Silberstreifen zu finden ist. Die Herausforderung besteht jedoch darin, dass die positiven Sei-ten noch eher auf individueller Ebene auftreten. Damit echte Ver-änderung stattfinden kann, muss der Kampf gegen die toxische Männlichkeit Teil einer kollektiven kulturellen und gesellschaft-lichen Transformation und Bewusstseinswende sein.

SLAM DUNK DA FUNK:

MÄNNLICHKEIT UND SPORT

Seitdem ich vierzehn war, habe ich auf Landesebene Basketball gespielt. Ich habe damit angefangen, nachdem ich mir beim Fußballspielen den Arm gebrochen hatte nach einer Reihe früherer Verletzungen. Dass ich zu der Zeit auch noch einen Wachstumsschub hatte, brachte meinen Vater schließlich dazu, mir diesen Sport als Alternative nahezulegen. Mein Kindheitskumpel aus unserem Wohnviertel hatte einen Basketball gekauft, und wir begannen zu spielen – ohne Basketballplatz, wir hatten nicht mal einen Korb. Wir haben uns einfach den Ball zugeworfen und Dribbling-Spiele gespielt. Irgendwann bekamen wir auch Basketballkörbe in unserem Hof und begannen auf der weiterführenden Schule zu spielen, wo wir die erste Basketballmannschaft der Schule zusammenstellten. Als ich älter wurde, beschäftigte ich mich dann ernsthafter mit Basketball, trat auf nationaler Ebene an und gewann dabei einige nationale Titel und Trophäen, die jetzt irgendwo im Schrank bei meinen Eltern verrosten.

Basketball brachte mich mit so erstaunlichen Menschen in Verbindung, so tollen Jungen und Männern, die groß, sportlich, stark, aber auch mitfühlend, fürsorglich und einfühlsam waren. Die Art von Männern, die dich in einem Atemzug wegen deines schiefen Haaransatzes verarschen würden, weil dein Papa dir zwei Stunden lang die Haare mit einer Schere gestutzt hatte (bei fünf Jungs im

Haushalt können Haarschnitte ins Geld gehen), und dann wieder tiefgründige Diskussionen mit dir über Selbstfindung führen, darüber, wer sie mal waren und was sie im Leben noch machen möchten. Die Art von Jungen und Männern, die beste Freunde fürs Leben werden und der Trauzeuge bei deiner Hochzeit oder der Patenonkel deiner Kinder sind. Dieses nostalgische Zurückblicken auf den Basketball bedeutet jedoch nicht, dass es immer ideal oder einfach war. Es gab viele problematische Dinge, von der Prügelei in den Umkleidekabinen bis hin zu der abfälligen Sprache und dem hohen Anpassungsdruck. Die größten Probleme waren immer persönlich. Im Jahre 2005 stand ich vor einer großen Herausforderung. Wir hatten in jener Saison zwei nationale Titel gewonnen – die Meisterschaft und den Pokal – und eine Reihe anderer Wettbewerbe auf lokaler Ebene. Es war ein großartiges Basketballjahr. Ich hatte das Gefühl, ich würde eine richtige Profikarriere starten, und meine Träume begannen sich zu verwirklichen. Auf mich waren Colleges und Talentscouts der ersten und zweiten US-amerikanischen Liga aufmerksam geworden. Immer öfter riefen Menschen an mit Akzenten, die wir nur in Filmen und Fernsehsendungen hörten, die von Probetraining, Stipendien oder Trainingscamps sprachen, um meine Eltern davon zu überzeugen, dass es das Risiko wert wäre, ihren Sohn in ein fremdes Land zu schicken. Dieser Sommer ging vorbei. Viele meiner Basketballfreunde und Teamkollegen hatten Karrierefortschritte gemacht, einige unterschrieben in Europa beziehungsweise auf der ganzen Welt professionelle Verträge, andere nahmen Stipendien von Colleges in Amerika an, ich aber blieb in London. Meine Situation war unverändert. Ich spielte weiter Basketball. Und obwohl ich spielte, fühlte ich, wie eine Leere in mir wuchs, eine Kluft epischen Ausmaßes. Das Licht wurde schwächer, das Feuer schwand, die Leidenschaft begann zu sterben.

Beim Aufwärmen vor einem Spiel bemerkte mein Trainer, dass

ich mich anders bewegte, weniger energisch, weniger zielgerichtet. Er fragte mich: »Du scheinst nicht du selbst zu sein. Du spielst, aber was willst du eigentlich?« Zum ersten Mal hatte ich keine Antwort. Schon immer wollte ich Profibasketball spielen, seit ich den Sport in meinem Wohnviertel gelernt hatte. Ich hatte einen Punkt erreicht, an dem ich mir mein Leben ohne diesen Wunsch nicht mehr vorstellen konnte, Basketball war mein Leben. Aber in diesem Moment war Basketball wie ein Fremder. Ein grauer Schatten lauerte in der Dunkelheit und folgte mir nach Hause. Ich wollte keinen Profibasketball spielen. Ich wollte überhaupt keinen Basketball spielen. Eigentlich wollte ich nichts tun. Ich wollte lange schlafen. Ich wollte im Dunkeln sitzen. Ich wollte in Ruhe gelassen werden. Ich wollte verschwinden, weg sein, weit weg, irgendwo anders als hier. Tief in mir drinnen habe ich enorm gelitten. Ich wusste nicht, warum, ja, ich wusste nicht einmal, dass ich litt.

Ich stand neben meinem Trainer und hielt die Tränen zurück, die unter meinen Augen anschwollen. Mein Trainer schickte mich zurück auf den Platz, er hatte keine Ahnung, wie ich mich fühlte. Ich war deprimiert. Ich spielte den Rest des Spiels mit schweren Füßen und schwererem Herzen und kämpfte gegen die Tränen in mir an. Trotz aller Bemühungen verloren wir. In diesem Jahr starb der Traum.

DER »STARKE SPORTLER«

Professionelle männliche Athleten werden oft als das Sinnbild für Männlichkeit schlechthin angesehen. Sie sind groß, muskulös, in bester körperlicher Verfassung, wettbewerbsfähig und normalerweise äußerst wohlhabend – Eigenschaften, die oft als wünschenswert für Männer angesehen werden. Sportler haben großen Einfluss darauf, wie junger Männer denken und sich entwickeln, was sowohl positiv als auch negativ sein kann.

Am 17. Februar 2018 twitterte der aus Compton in Los Angeles stammende NBA-Basketball-All-Star-Shooting-Guard der Toronto Raptors, Demar DeRozan: »Diese Depression macht mich fertig.« Ich bin ein langjähriger, begeisterter NBA-Fan. Ich verfolge die Karriere von Demar DeRozan, seit er 2009 seinen erstes Spiel für die Toronto Raptors hatte. Ich sah, wie er sich im Laufe der Jahre von einem relativ unbekannten Rookie zu einem Topathleten entwickelte und »Mr I am Toronto« wurde. Was auch schön zu sehen war, war die Entwicklung von DeRozans Freundschaft mit dem Superstar-Teamkollegen Kyle Lowry – in einem offenen Interview gaben sie an, dass sie etwas verbinde, was »größer als Freundschaft« sei. Sie teilten öffentlich die Verletzlichkeit und Nähe zueinander: etwas, was sich nicht viele männliche Profisportler erlauben. DeRozan war immer sanftmütig, freundlich und hatte stets ein Lächeln auf den Lippen. So waren viele Menschen schockiert und erstaunt, als er sich als depressiv geoutet hat.

Aber das ist das Tückische an Depressionen und psychischen Erkrankungen im Allgemeinen: Wenn es um Sportler geht, die wir als »hart« betrachten, ist es sehr schwer zu erkennen, dass sie leiden können. Sie sind doch immer so »stark«, wenn wir sie vom Spielfeldrand aus anfeuern. Wir gehen auch oft davon aus, dass ihr Reichtum sie – im Gegensatz zu uns – vor Problemen oder psychischen Krankheiten schützt. Später ging DeRozan in einem Interview mit dem *Slam*-Magazin auf seinen Tweet ein und sagte: »Letztlich sind wir alle Menschen, egal wie unzerstörbar wir aussehen (…) Wir haben alle Gefühle (…) es kann dich fertigmachen, wenn manchmal alle Last der ganzen Welt auf dir liegt.«[1]

Dass DeRozan sich öffentlich zu seinen Depressionen bekannt

hat, stieß auf großen Support von seinen Fans, auch von mir. Wir haben uns ihm dadurch näher gefühlt und konnten seine Kämpfe und Erfahrungen auf unsere eigenen übertragen. Es führte auch dazu, dass andere NBA-Spieler angefangen haben, über ihre psychischen Probleme zu sprechen, so wie Washington Wizard Guard Kelly Oubre, dessen Familie durch Hurrikan Katrina ihre Heimat verloren hat. Er äußerte sich so:

> »Ich kann das alles definitiv nachempfinden. Ich bin gut darin, gute Miene zum bösen Spiel zu machen, weil mein Papa mir als Kind immer eingetrichtert hat: ›Zeig vor anderen keine Schwäche!‹ Niemand kann sehen, dass ich schwach bin, aber tief in mir drin mache ich sehr viel durch. Es ist die Hölle los.«

Der 2016er NBA-All-Star, NBA-Champion und Forward der Cleveland Cavaliers Kevin Love musste wegen Angstzuständen und Panikattacken ein Spiel verlassen. Und später schrieb er – in einem Artikel mit dem Titel »Jeder macht etwas durch« für *The Player's Tribune* –, dass diese Panikattacke seine erste war. Er wusste vorher nicht einmal, dass es so etwas wirklich gibt, aber der Beginn einer Therapie hätte seine Sichtweise auf psychische Probleme verändert. Das Sprechen über die eigenen Probleme machte die Spieler nicht weniger männlich. Vielmehr haben sie viel Respekt und Unterstützung gewonnen und konnten Veränderungen bewirken. Die National Basketball Association hat später die erste Stelle für psychische Gesundheit und Wohlbefinden geschaffen – ein Beispiel für Veränderungen auf struktureller Ebene.

Diese zarten Momente der Verwundbarkeit von Elite-NBA-Spielern, deren Durchschnittsgröße und -gewicht bei 2,01 Metern und 100 Kilo liegen – der durchschnittliche US-amerikanische Mann ist 1,75 Meter groß – und die oft als Spitze körperlicher Stärke angepriesen werden, widerlegen die Vorstellung, dass ein Mann stark sein muss und dass es einen Mann schwächer macht, wenn er emotional oder verletzlich ist. Danny Rose, Fußballspieler bei den Tottenham Hotspurs und in der englischen Nationalmannschaft, erzählte im Vorfeld der Weltmeisterschaft 2018, dass er mit Depressionen kämpft, die ihn oft davon abhalten, morgens aufzustehen. Rose fügte an: »Es hat mich dazu gebracht, einen Psychologen aufzusuchen, und bei mir wurde eine Depression diagnostiziert, von der niemand etwas wusste.«

GEMEINSCHAFT, WETTBEWERB UND SPALTUNGEN

»Es gibt ein inhärentes Maß an Wettbewerbsgeist, das eventuell auf gesellschaftliche Einflüsse auf Männer zurückzuführen ist.« *Jordan S.*

Männlichkeit ist nicht in allen Sportarten gleich. Die Kultur beeinflusst weitgehend, was in dem jeweiligen Sport als akzeptabel gilt. Obwohl es in allen Sportarten Normen für »akzeptable« Männlichkeit gibt, hat jede Sportart ihre eigenen kulturellen »Rituale« und Stärken sowie Probleme in Bezug auf die Spielenden und die Fans.

Fußball ist ein globaler Sport, der Menschen aus allen Nationen und Kulturen der Welt zusammengebracht hat. Fußball-Hooligans sind ein Phänomen, das aggressives, gewalttätiges und/oder chaotisches Verhalten der Fans einer bestimmten Mannschaft beschreibt, das sich gegen die Rivalen, üblicherweise die Fans der gegnerischen Mannschaft, richtet. Hooligans bieten oft eine Möglichkeit für Männer, Kameradschaft und Bindungen zu bilden, aufregende Adrenalinschübe zu erleben und gleichzeitig ihre männliche Identität rund um den Sport zu konstruieren und nach außen zur Schau zu stellen. Der legendäre Independent-Film *Green Street* (2005) lieferte wichtige Einblicke, indem er die Realitäten der Fußball-Hooligans differenziert dargestellt hat. Jeder der Männer hatte unterschiedliche Berufe. Unter anderem war auch ein Sportlehrer dabei. Im Film konnten wir sehen, wie sich die Hooligans Bindungen untereinander herstellten. Es ähnelte sehr der Männlichkeit, wie sie in *Fight Club* dargestellt wurde. Es geht um den Wunsch, irgendwo dazuzugehören. Sport kann Männern eine Gemeinschaft bieten.

Während Sport Männern ein Gefühl der Gemeinschaft bieten kann und die Möglichkeit, Bindungen zu knüpfen, kann er genauso eine Arena für Spaltungen sein. 2018 organisierte die Democratic Football Lads Alliance, deren Mitglieder Verbindungen zu rechtsextremistischen Bewegungen haben, einen faschistischen Marsch. Ihr Organisator behauptete, sie protestierten gegen »zurückkehrende Dschihadisten« und »illegale Migranten«. Ihr Marsch wurde von antifaschistischen und feministischen Demonstrierenden blockiert.

Robert Hogg, Dozent für australische Studien, schreibt: »Kontaktsportarten wie Rugby müssen für das anerkannt werden, was sie sind: ritualisierte und sich wiederholende Darstellungen von Hypermaskulinität, inszeniert von Männern für Männer.«[2] Hoggs unterscheidet zwischen Kontakt- und berührungslosen Sportarten und untersucht, wie sich dieses Charakteristikum auf die Männlichkeit auswirkt. Sportarten wie Rugby, Fußball und American Football (NFL) werden Probleme im Zusammenhang mit Hypermaskulinität und Aggression sowohl im Sport als auch außerhalb des Sports vorgeworfen. Für Hoggs werden berührungslose Sportarten wie Basketball, Tennis, Cricket oder Leichtathletik nicht immer mit denselben Problemen konfrontiert.

Egal ob Kontakt oder Nichtkontakt, in jedem Fall manifestiert sich Wettbewerbsenergie in Formen von Gewalt und Aggression im Männersport. Zum Beispiel nehmen Frauen ihren Sport genauso ernst und sind in vielen Fällen genauso wettbewerbsfähig wie Männer, aber wir sehen nicht so oft, dass während eines Spiels Gewalt ausbricht. Aggressionen im Sport wirken sich oft auf die Fans aus. Bei dem Vorfall »malice in the palace« im Jahr 2004 gerieten Basketballspieler der Indiana Pacers und Detroit Pistons in eine Massenschlägerei, sowohl mit Spielern als auch mit Fans auf der Tribüne. Es war brutal. Im Anschluss daran führte der damalige NBA-Commissioner David Stern eine strenge Richtlinie ein, die eine professionelle Kleiderordnung, mehr Sicherheit und einen begrenzten Verkauf von Alkohol bei Spielen vorsah. Die neuen Regeln sorgten sukzessive auch dafür, dass Basketballspieler offener und ausdrucksstärker wurden. Viele Spieler, wie der NBA-All-Star Russell Westbrook, wurden zu Stilikonen und trugen leuchtende Farben und eng anliegende Kleidung, die normalerweise als weiblich oder unmännlich angesehen würde.

In dem Artikel »Whether teams win or lose, sporting events lead to spikes in violence against women and children« (zu Deutsch: »Ob Teams gewinnen oder verlieren, Sportereignisse führen zu einem Anstieg der Gewalt gegen Frauen und Kinder«) schreibt Melanie Pescud, eine Gastwissenschaftlerin an der Australian National University, dass bei allen nationalen und internationalen Sportveranstaltungen wie der Weltmeisterschaft, dem AFL Grand Final und dem Melbourne Cup und auch bei kleineren Veranstaltungen wie dem Calgary Stampede (eine Rodeoveranstaltung in Kanada) Männer aggressiver und gewalttätiger gegenüber ihren Partnerinnen und Kindern werden, die Gewalt steigt um bis zu 40 Prozent.[3]

Manche sagen, dass dieses Phänomen auch mit der Trinkkultur und dem erhöhten Alkoholkonsum rund um die Spiele einhergeht, aber all dies muss in Zusammenhang mit einer Kultur betrachtet werden, in der männliche Aggressivität und männlicher Wettbewerbswahn gedeihen.

VIELFALT IM SPORT

Sport steht vor großen Herausforderungen, wenn es um Vielfalt, Inklusion und Repräsentation geht. Sportarten wie Tennis und Rugby gelten als vorstädtische Sportarten der Mittelklasse, die größtenteils von weißen Spielerinnen und Spielern ausgeübt werden, während ein Sport wie Fußball vielfältiger ist und als Sportart der Arbeiterklasse gilt, sowohl in Bezug auf die Fans als auch auf die Hintergründe der Spielenden. David Whelan, der für *Vice Sports* schreibt, meint dazu:

> »In den letzten 28 Grand Slams hat nur ein nicht weißer Spieler an einem Herrenfinale teilgenommen: Jo-Wilfried Tsonga bei den Australian Open 2008. Derzeit gibt es nur zwei schwarze Spieler in den Top 50 der Männer und nur einen aus Asien. Seit Beginn der ATP Tour im Jahr 1990 haben nur Michael Chang und Tsonga eines der ATP-1000-Master-Events gewonnen. Statistisch gesehen ist es wahrscheinlicher, dass du an die Harvard School of Law kommst, als dass ein männlicher schwarzer oder asiatischer Spieler zu deinen Lebenszeiten einen Slam gewinnt.«[4]

Während eine Sportart wie Fußball in Bezug auf die Zusammensetzung der Mannschaften viel vielfältiger ist, hat dies nicht immer zu Akzeptanz und Inklusion geführt. Eine Sky-Umfrage aus dem Jahr 2019 ergab, dass 71 Prozent der Fans, die Schwarz oder asiatisch sind oder anderen ethnischen Minderheiten angehören, mindestens einmal pro Spiel rassistischen Angriffen ausgesetzt sind.[5] Auch die Spieler selbst erzählen von Erfahrungen mit Rassismus während der Spiele.

Leistungssportarten müssen sich zudem dringend verbessern, wenn es um die Repräsentation und die Behandlung von schwulen Männern im Sport geht. In allen Sportarten gibt es nur sehr wenige, die offen schwul sind. Das liegt auch daran, dass organisierter Sport, selbst auf schulischer Ebene, einen Bereich darstellt, der homosexuelle Personen ausschließt.[6] Dies wirft die Frage auf, inwieweit dies von einer Kultur von »Testosteron, Mobbing und Gruppenduschen« beeinflusst wird, wie es Oliver Giroud, Stürmer der französischen Nationalmannschaft und von Chelsea, ausdrückt. Es sei unmöglich, im Fußball offen schwul zu sein, der Fußball sei weit davon entfernt, schwule Spieler zu akzeptieren. Cyd Zeigler, der für *OutSports.com* schreibt, nennt Beispiele für schwule Spieler, die offen mit ihrer Sexualität umgehen und eine erfolgreiche Karriere hinter sich haben, wie beispielsweise Fußballspieler Robbie Rogers, der sich 2013 geoutet hat und später mit LA Galaxy den Major-League-Soccer-Pokal gewonnen hat, oder der ehemalige NBA-Spieler Jason Collins, der unter anderem bei den Brooklyn Nets gespielt hat. Unabhängig von den erzielten Fortschritten könnte es bei den Sportstars und -fans noch mehr Repräsentation und Akzeptanz für die LGBTQ-Community im Sport geben. Ein Stonewall-Forschungsbericht aus dem Jahr 2018 ergab, dass 58 Prozent der britischen Bevölkerung der Meinung sind, dass LGBTQ-feindliche Sprache bei Live-Sportveranstaltungen bekämpft wird, während sich nur 25 Prozent trauen würden, auf solche abfälligen Bemerkungen hinzuweisen.[7] Das zeigt, dass sich die Einstellungen ändern. Dennoch: Es braucht ein Klima im Sport, in dem sich Leute ermutigt fühlen, noch mehr zu tun und noch mehr zu sagen gegen LGBTQ-Diskriminierung.

EMOTIONEN UND VERLETZLICHKEIT IM SPORT

»Männer, die Intimität und Nähe ausdrücken? (…) In der westlichen Gesellschaft wird uns das nicht beigebracht.« *Jordan H.*

Leistungssport sorgt oft für eine Atmosphäre von Aggressivität. Gleichzeitig ist Sport aber auch eine der wenigen Gelegenheiten, bei denen Männer sich frei ausdrücken und untereinander zusammenschließen können und konnten. Darüber hinaus bietet er den wenigen und seltenen Raum für Männer, offen emotionale Verletzlichkeit zeigen und weinen zu können, ohne das Gefühl haben zu müssen, dass dies ihre Identität oder Wahrnehmung als Mann beeinträchtigt. Hier sind einige klassische, emotionale Momente, die Sportler zum Weinen brachten, die wohl jeder nachfühlen kann:

- Als Gareth Southgate bei der Europameisterschaft 1996 einen Elfmeter gegen Deutschland versemmelte.
- Michael Jordan, als er seine Dankesrede für die Aufnahme in die Basketball-Hall-of-Fame vortrug (wer den Moment nicht kennen sollte, hat bestimmt das Internet-Meme mit dem weinenden Michael Jordan gesehen. Dieser virale und lustige Social-Media-Moment kommt aus dieser Rede).

- LeBron James, als er das NBA-Finale 2016 gewann und die versprochene Meisterschaft mit den Cleveland Cavaliers in seine Heimatstadt brachte und sagte: »Cleveland, das ist für dich.«
- Als der Tennis-Superstar Roger Federer gegen Pete Samprass gewann, eine Niederlage gegen Rafael Nadal einstecken musste, die Tennis World US gewann, die Australian Open, Wimbledon. Im Grunde genommen weint Federer einfach richtig viel (und das ist berührend), so viel, dass es sogar ein YouTube-Video gibt mit den besten zehn Tränenausbrüchen von Roger Federer.
- Eigentlich jeder Moment eines männlichen Athleten bei den Olympischen Spielen, der gewinnt oder haarscharf am Sieg vorbeischlittert und verliert.

Es gibt viele weitere Beispiele für männliche Athleten, die bei verschiedenen Sportwettkämpfen weinen. Sport wird in der Gesellschaft oft als edler und gerechtfertigter Grund für Männertränen angesehen, wo man sonst für solche Gefühlsausbrüche geächtet würde. Stell dir doch einfach einen Mann vor, der nach dem erfolgreichen Abschluss eines Projekts bei der Arbeit weint oder nach dem Verlust einer Kundin.

In den frühen Zweitausenderjahren hatte meine Basketballmannschaft das Finale erreicht des Nationalen Pokals im Crystal Palace, dem damaligen nationalen Sportzentrum für Basketball. Wir haben verloren, mit nur sechs Punkten weniger als die gegnerische Mannschaft, die wir in der regulären Saison schon zweimal geschlagen hatten. Nach dem Spiel blieben wir in der Umkleidekabine. Ich habe geweint. So wie einige meiner Teamkollegen. Die Opfer, die wir dafür gebracht hatten, die Emotionen, der Schmerz. Dass geweint wurde, war normal, es wurde verstanden. Es war auch nicht das erste Mal, dass wir bei einem nationalen Titel, den wir gewonnen oder verloren hatten, geweint hatten oder auch bei anderen Spielen. Rückblickend kann ich mir keine andere Situation vorstellen, in der wir alle so weinen würden. Ich hatte noch nie eine Gruppe junger Männer gesehen, die so weinten, auf eine akzeptierte Weise, noch nicht einmal bei einer Beerdigung. Die Beziehungen, die wir in unserem Team und im gesamten Sport untereinander geknüpft haben, erlaubten uns, uns auszudrücken und uns auf eine Weise miteinander zu solidarisieren, wie es sonst nicht möglich gewesen wäre.

Männliche Verletzlichkeit und Emotionen im Sport können einen radikalen und progressiven Einfluss darauf haben, wie Männlichkeit in einer breiteren Gesellschaft gesehen wird. Sport ist ein starker Motor für Veränderung, nicht nur auf politischer, sondern auch auf persönlicher Ebene. Damit sich die Vorstellung von Männlichkeit im Sport ändert, muss es an der Basis, also auf lokaler und kommunaler Ebene, losgehen. Von dort aus kann sich diese neue Maskulinität nach oben arbeiten. Sosehr Trainer die körperliche und sportliche Entwicklung ihrer Sportler und Spieler fördern, sollten sie auch die emotionale Entwicklung berücksichtigen. Um diese zu fördern, sollten sie den Spielern helfen, mit Wettbewerb und Widrigkeiten sowohl in als auch außerhalb der Sportwelt fertigzuwerden. Das wird wiederum hoffentlich einen größeren Einfluss darauf haben, wie die Sportfans sich verhalten und welches Verhalten auf und neben dem Sportplatz als akzeptabel gilt. Wenn dazu noch die Unterstützung von ganz oben in der Sportwelt kommt, wenn Profiteams, große Marken und Institutionen mitziehen, wird es alles ändern, was wir im Sport bisher erlebt haben.

MAN IN THE MIRROR:

TRANSGRESSION UND TRANSFORMATION

Das Patriarchat kann allgegenwärtig und allumfassend erscheinen. Es kann sich so anfühlen, als würde es alles um dich herum einnehmen, jeden Schritt deines Lebens, wie du dich selbst siehst, wie andere dich sehen, deine romantischen Beziehungen und Freundschaften, deine familiären Bindungen, deine Identität, deine Möglichkeiten und Erfahrungen. Gleichzeitig kann es aber auch unsichtbar erscheinen. Oft wiegt das Patriarchat sehr schwer, aber wenn du schon so lange dieses schwere Gewicht trägst, vergisst du, wie es sich ohne diese Last anfühlt. Du fängst an zu glauben, es sei normal, dieses Gewicht zu tragen, anstatt darüber nachzudenken, was du tun kannst, um es loszuwerden – oder wie viel freier du ohne es sein könntest.

Schon von früh an wird dir alles im Zusammenhang mit Männlichkeit, Mann- und Jungesein so dargelegt, als wäre es einfach normal, als wäre es ganz natürlich, als wäre es absolut. Uns wird gesagt, so ist es, und kein anderer Weg wird möglich sein. Wenn wir dann erwachsen werden, fangen wir an zu lesen und sammeln mehr Lebenserfahrung und treffen Menschen, die unsere Wahrnehmung ändern, lernen mehr über die verschiedenen Kulturen und historischen Perioden. Wir werden neugierig, beginnen Fragen zu stellen und einige Antworten zu finden, aber diese Antworten führen nur zu mehr und immer mehr Fragen. Wenn die Fragen immer komplexer werden, findest du nicht immer unbedingt Antworten, aber du wächst als Person, veränderst dich und fühlst dich wohler mit der Person, die du bist, und auch damit, wie du die Welt betrachtest.

Das System und die Ideologie des Patriarchats prägen das Männlichkeits- und Jungenbild und die Art, wie sie einen wahren Mann definieren – und zwar bei Männern wie Frauen. Aber weil es ein System, eine Ideologie ist, die von Menschen geschaffen und aufrechterhalten wird, kann sie auch von Menschen verändert und zerstört werden. Es braucht jedoch Menschen, die sich des Problems überhaupt bewusst sind und gewissenhaft und leidenschaftlich genug sind, um etwas dagegen tun zu können. Nicht nur um ihrer selbst willen, sondern auch für andere.

Einer meiner größten Beweggründe, dieses Buch über Männlichkeit zu schreiben, war, wie gerne ich solch ein Buch gelesen hätte, als ich ein Teenager war, der mit seinen eigenen Männlichkeiten zu kämpfen hatte. Ich erinnere mich an die vielen Nächte, die ich weinend verbrachte, in denen ich mich vor Schmerz krümmte, von emotionalen Qualen überflutet wurde, am Rande der Selbstzerstörung, depressiv oder schlimmer, wütend und voller Hass auf die Welt und auch auf mich selbst. Ich war wütend, ohne auch nur einer Menschenseele etwas davon erzählen zu können. Das Gefühl, dass die Last, die ich trug, zu schwer war und mit mir etwas nicht stimmte, weil ich im Gegensatz zu den anderen Männern um mich herum irgendwie nicht stark genug war, um diese Last auszuhalten, das hat mich fertiggemacht. Ich denke an all das, was ich mir erspart hätte, wenn ich mit jemandem hätte sprechen können, wenn ich mich hätte öffnen können, um die Art Gespräche zu führen, wie sie durch dieses Buch angestoßen werden. Damit ich mich selbst besser verstehen und mich von den Dingen hätte lösen können, die mir fälschlicherweise als männlich eingetrichtert wurden.

Ich hätte den Gedanken ablegen können, dass mit mir etwas nicht stimmte.

Ich denke daran, wie viel Druck heute auf jungen Menschen lastet, die oft unrealistischen Standards und Erwartungen zu erreichen, die die Gesellschaft für sie festlegt. Junge Menschen sind in hohem Maße Negativität ausgesetzt durch den Mainstream und die sozialen Medien. Ein solches Buch kann deshalb umso wichtiger sein für Jungs und Männer, die ihre männliche Identität hinterfragen oder sich möglicherweise in einem Konflikt mit der Tatsache befinden, dass sie weinen oder verletzlich sind und sich deswegen weniger als Mann fühlen, die vor einem Zusammenbruch stehen, der zu Depressionen oder Suizid führen könnte. Können solche Bücher wie dieses überhaupt dabei helfen, unsere Existenz zu validieren und zu unterstützen? Es kann auch sein, dass eine Mutter, eine Tante, eine Schwester oder eine Freundin sich gerade Sorgen um den Jungen oder Mann in ihrem Leben macht, ganz unabhängig von ihrer Beziehung, und einfach ein tieferes Verständnis für die männliche Erfahrung erlangen will, eine Erfahrung, die über patriarchale Klischees hinausgeht.

Das Buch ist auch ein Angebot für junge Mädchen oder heranwachsende Frauen, die das System des Patriarchats, das sie umgibt und ihr Leben beherrscht, zu verstehen versuchen, und die Zusammenhänge zwischen der heutigen Brutalität und jener, die Frauen seit Generationen erfahren. Wir brauchen jetzt Bücher wie dieses, weil das Patriarchat abgebaut werden muss. Die Risse im patriarchalischen System werden von immer mehr Menschen erkannt, und wenn wir jemals in einer wirklich gleichberechtigten Welt leben wollen, müssen wir alle daran mitarbeiten.

Durch meine langjährige Erfahrung in der Arbeit mit Jungen, jungen Männern und auch älteren Männern, durch die Arbeit an Schulen, Colleges und Universitäten bis hin zu Jugendzentren, Basketballplätzen und Bibliotheken, durch die Arbeit mit Jungs in prekären und bedrohten Lebenssituationen, mit Ex-Tätern und jungen Tätern, mit Schülern, die von der Schule geflogen sind, oder mit Männern, die unter psychischen Gesundheitsproblemen leiden, aufgrund meiner persönlichen Erfahrungen mit Männlichkeit und dem Patriarchat, von der Kindheit bis zum Erwachsenenleben, die Summe dieser Erfahrungen hat mich dazu bewogen, eine Liste mit zehn Handlungsanweisungen zu formulieren. Diese können auf persönlicher, aber auch auf zwischenmenschlicher Ebene oder etwa auf lokaler und kommunaler Ebene angewandt werden. Und so eine radikal neue Vision von Männlichkeit schaffen, frei von patriarchalen Klischees und Stereotypen:

DEN ÄRGER LOSLASSEN: Viele Jungen und junge Männer haben so eine wütende »Ich gegen den Rest der Welt«-Mentalität, die sich mit zunehmendem Alter nur verstärkt und nicht bewältigt wird. Dieses Gefühl kann in den Teenagerjahren von dreizehn bis neunzehn besonders intensiv und durch gewisse Ereignisse in unserem männlichen Großwerden zusätzlich befeuert werden. Wut ist oft das Standardgefühl für Männer, nicht, weil sie ihnen leichter fällt oder natürlicher für sie ist, sondern vor allem, weil Männern gesagt wird, dass sie nicht emotional sein können, und Wut selbst nicht als Emotion angesehen wird. Diese Wut wird zu Gewalt, mittels derer wir uns dann hauptsächlich ausdrücken. Ich erinnere mich, dass ich einen Großteil meiner Teenagerjahre damit verbracht habe, wütend auf die Welt, auf alles um mich herum und manchmal auf mich selbst zu sein – ohne wirklich zu wissen, warum. Die meiste Zeit brodelte diese Wut in mir drin, aber die wenigen Male, die ich sie rausließ, wurde es richtig destruktiv – manchmal fühlte sich die Zerstörung kathartisch an und brachte dennoch keine Lösung für die Wut. Rückblickend kann ich mich nicht erinnern, dass es einen bestimmten Grund gab: Ich erinnere mich nur daran, wie intensiv diese Gefühle waren. Um diese Wut loszulassen, müssen wir zuerst anerkennen, dass sie da ist und dass sie zerstörerisch ist. Der nächste Schritt besteht darin, sie zu steuern und ein Ventil für sie zu finden.

JEDER MANN SOLLTE TAGEBUCH FÜHREN: Darin sollten Männer ihre Gedanken, Gefühle, Angstzustände, Erfahrungen (also kein Tagebuch für ihre Ziele) so oft wie möglich niederschreiben, am besten täglich oder wöchentlich. Wenn man keine Therapie macht oder jemanden zum Reden hat (vor allem nicht die andere Person in deiner Liebesbeziehung, denn sie ist nicht deine therapeutische Hilfe), ist so ein Tagebuch Gold wert. Wenn man niederschreibt, wie es einem geht, lernt man auf positive Art und Weise, mit sich selbst zu kommunizieren, und kann die Wut mildern, die unterdrückte traumatische Erfahrungen auslösen, die dann doch irgendwann wieder an die Oberfläche kommen. Es ist schon ironisch, dass Männer so aufgezogen werden, dass sie glauben, dass Tagebücher mädchenhaft oder feminin sind. Dabei können sie unser aller Leben enorm verbessern. Wer seine Gedanken und Gefühle verschriftlicht, stärkt die eigene emotionale Intelligenz. James Pennebaker von der University of Texas, der die Auswirkungen von Schreiben auf unser Immunsystem erforscht, erläutert, dass Schreiben uns dabei hilft, unseren Angstzuständen und Gefühlen mittels Struktur und Organisation zu begegnen. Hinzu kommt, dass wir Männer uns weniger öffnen als Frauen. Das Führen eines Tagebuchs gibt uns die Möglichkeit, unsere Gefühle zu reflektieren, aber dabei unsere Privatsphäre zu wahren und mit niemand anderem zu reden.

DAS VERANTWORTUNGSBEWUSSTSEIN VON MÄNNERN: Männer (auch junge Männer) müssen sich und andere Männer dafür zur Verantwortung ziehen, dass und auf welche Weise sie von männlichen Privilegien und dem Patriarchat profitieren. Entsprechend aktiv müssen sie daran arbeiten, das zu ändern: Letzten Endes müssen Männer anderen Männern dabei helfen, sich zu verändern. Ich bin in einer kongolesischen Community aufgewachsen und erinnere mich daran, wie Männer sich zusammengefunden haben, um gemeinsam größere Probleme von anderen Männern zu klären. Egal, ob es um häusliche, persönliche, finanzielle Dinge ging oder zum Beispiel eine Beerdigung. Normalerweise traf sich eine Gruppe Männer, von der es Unterstützung und Ratschläge gab. Vor allem aber wurde betont, dass es darum geht, sich zu verändern und zu wachsen.

So etwas erlebe ich heute kaum noch in unseren Communitys. Je mehr die Communitys sich aufspalten, verschwindet heutzutage auch ein Gefühl von Verantwortung und Fürsorge füreinander. Männer schreiten bei klaren Fällen von Frauenfeindlichkeit und Missbrauch immer seltener ein. Vielleicht spielt auch Angst mit hinein, aber einen wichtigen Aspekt stellt der Wille dar, an seinem großen Stück vom patriarchalen Kuchen festzuhalten. Das können wir nur ändern, indem wir einander zur Verantwortung ziehen.

MÄNNLICHE SUPPORT-GRUPPEN: Vor einigen Jahren haben meine Kumpels und ich uns immer samstagnachmittags in einem Café zum Mittagessen getroffen. Das fing ganz ungeplant an, als zwei von uns sich mal zufällig dort über den Weg gelaufen sind. Wir haben dann gecheckt, dass wir in derselben Gegend wohnen und gerne das gleiche Café besuchen. In den nächsten Wochen und Monaten haben wir dann einfach ein paar unserer Freunde angerufen und eingeladen. Am Ende saßen wir dort jeden Samstag zu acht, neunt oder zehnt. Wir haben über alles geredet, unsere Jobs und Karrieren, über Familie, über Sport, über Beziehungen und Trennungen, auch über unsere psychischen Probleme. Manchmal wurde es einfach lustig, dann aber auch richtig deep und persönlich. Wir haben das zwei Jahre lang gemacht, bis einige von uns weggezogen sind oder andere Verpflichtungen hatten, und so wurden wir immer weniger.

Als die Treffen aufgehört hatten, schrieb mir ein Kumpel, dass er echt dankbar war, dass ich ihn jeden Samstag eingeladen hatte. Er meinte, er sei an einem Tiefpunkt in seinem Leben gewesen, er habe auch mit psychischen Problemen und Depressionen zu kämpfen gehabt, und diese regelmäßigen Treffen seien immer etwas gewesen, worauf er sich freuen konnte. Während wir uns damals getroffen hatten, hatte ich keine Ahnung davon, weil er immer richtig gesellig, laut und gut drauf wirkte. Ich realisierte, dass ich es selbst bei meinen besten Freunden nicht bemerke, wenn sie psychische Probleme haben oder persönliche Kämpfe ausfechten, und wie wichtig Gemeinschaft ist. In der Gemeinschaft kann man sich ausheulen, lachen und einfach zusammenkommen. Wie wichtig Männerfreundschaften und männliche Support-Gruppen sind, wird krass unterschätzt. Männern wird oft unterstellt, sie hätten oberflächliche Freundschaften, bei denen es nur um Sex und Sport geht, aber tatsächlich sind Männerfreundschaften viel tiefgründiger: Sie äußern sich oft nur anders als bei Frauen. Männer können sich genauso öffnen wie jeder andere Mensch auch, aber häufig braucht es dafür eine freundliche, einfühlsame Umgebung, in der man nicht verurteilt wird. Das gilt nicht ausschließlich, wenn Männer sich »öffnen«, oder bei psychischen Problemen, das gilt ganz allgemein. Wenn du ein Mann in einem männlichen Freundeskreis bist, finde für dich heraus, wie es funktioniert. Versuch dir einen Raum zu schaffen, wo ihr euch alle untereinander wohlfühlt, egal ob ihr lacht oder weint. Du wirst überrascht sein, wie viele Männer sich nach so einem Ort sehnen und solche Gruppen brauchen, ohne es zu realisieren.

DIE SPRACHE: MÄNNLICHKEIT ODER MÄNNLICHKEITEN – Sprache hat einen tiefgreifenden Einfluss auf die Art und Weise, wie wir die Welt sehen. Als Menschen geben wir den Dingen Namen, und diese Dinge sind entweder Gegenstände oder abstrakte Konzepte. Und mit dieser Benennung schaffen wir die Möglichkeit, diese Idee oder den Gedanken mit anderen zu teilen. Anstatt nur über Männlichkeit zu sprechen, sollten wir versuchen, die Idee der Männlichkeit zu pluralisieren und sie als »Männlichkeiten« zu bezeichnen, um darzustellen, dass die männliche Identität nicht singulär ist; dass Maskulinität viele Ausprägungen haben kann – sie ist komplex, vielfältig, fließend, dynamisch und verändert sich ständig. Das Anerkennen der »Männlichkeiten« gibt es in akademischen Kreisen seit den späten Achtziger-/frühen Neunzigerjahren. Dazu gehören akademische Figuren wie RW Connell, den wir in Kapitel 1 besprochen haben. Leider hat sich in der Öffentlichkeit die Herangehensweise bezüglich Männlichkeiten noch nicht durchgesetzt.[1] Wir können eine Sprache verwenden, die dafür sorgt, dass wir wachsen, und uns positive und komplexe Versionen wandelbarer Männlichkeiten vorstellen. Weil Sprache eine so enorme Rolle spielt, müssen wir uns auch vermehrt bemühen, dass frauenfeindliche und sexistische Sprache bekämpft wird, die Geschlechterklischees normalisiert und uns spaltet.

AUFKLÄRUNG BEZÜGLICH EINVERNEHMLICHKEIT: Jungen Leuten sollte in Sexualkunde beigebracht werden, was Einvernehmlichkeit ist. Uns sollte nicht nur gezeigt werden, wie wir uns vor Geschlechtskrankheiten schützen oder wie die Schwangerschaft abläuft. Wir sollten lernen, was es heißt, »Ja« oder »Nein« zu sagen, und verstehen, unter welchem Druck wir welche Entscheidungen treffen. So können wir sicherstellen, dass Jungen, Männer, Mädchen und Frauen respektvoll miteinander umgehen und nicht den Druck verspüren, Sex zu haben, wenn sie es nicht wollen oder sich nicht trauen, sich mittendrin umzuentscheiden. Es geht zudem darum, Männern und Jungen beizubringen, dass sie keinen Anspruch auf die Körper von Mädchen und Frauen haben. Nein heißt Nein. Egal wo auf der Welt. Eine globale Organisation, die sich der Prävention von Vergewaltigungen widmet und sexuelle Gewalt gegen Frauen und Kinder beenden möchte, hat in Kenia ein Programm eingeführt, bei dem Mädchen Selbstverteidigung beigebracht wird und Jungen über positive Männlichkeit unterrichtet werden. Die Vergewaltigungsfälle gingen um 51 Prozent zurück, die Anzahl der schwangerschaftsbedingten Schulabbrüche um 46 Prozent, und 73 Prozent der Jungen griffen ein, um Übergriffe zu verhindern. Wenn uns beigebracht wird, dass Vergewaltigung immer die Schuld der Täterperson ist, und wenn wir lernen, die Komplexität der sexuellen Einwilligung anzuerkennen und besser zu verstehen, wird die Täter-Opfer-Umkehr, das Victim-Blaming (Beschuldigen der Opfer), neu hinterfragt und bekämpft. Und diese weltweite Kampagne »No Means No« (zu Deutsch: »Nein heißt Nein«) beweist, wie positiv die Auswirkungen sind.

GESPRÄCHSZONEN: Da die Suizidrate bei Männern so hoch ist, insbesondere im Alter zwischen achtzehn und vierunddreißig Jahren, braucht es sichere »Gesprächszonen«. Dies sind sichere öffentliche Räume, in denen jemand anbieten kann, jemandem mit Problemen zuzuhören oder mit ihm oder ihr zu sprechen. In Simbabwe gab es die »Friendship Bench« (zu Deutsch: »Bank der Freundschaft«: Personen mit psychischen Problemen sprachen auf diesen

Bänken öffentlich mit ihrer therapeutischen Fachkraft oder Pflegepersonal. Das hatte positive Auswirkungen auf ihre psychische Gesundheit.

Eine ähnliche Strategie wurde in der britischen Öffentlichkeit eingeführt – insbesondere in Großstädten wie London, in denen die Menschen nur sehr wenig Zeit haben, um innezuhalten und miteinander zu sprechen, oder sich trotz einer großen Menschenmenge allein fühlen können. Dort gibt es Bänke oder abgegrenzte Bereiche zum Reden, und die können sich auch positiv auf die Psyche der Menschen des Gebiets oder der Gemeinde auswirken. Männer werden ständig dazu ermutigt, sich mehr zu öffnen. Es fällt ihnen jedoch oft schwer, da sie möglicherweise das Gefühl haben, eine Belastung für die Menschen in ihrem Umfeld zu sein, oder weil sie nur das Unterdrücken ihrer Gefühle gewohnt sind. Oft kann es einfacher sein, mit einem Fremden über die eigenen Probleme zu sprechen, aber eine Therapie kann aus finanziellen Gründen schwer zu bekommen sein. Es kann auch schwierig sein, wenn es keine verfügbaren lokalen Behörden und gemeinnützigen Dienstleistungen gibt (weil die Regierung da spart oder kürzt, wie wir in Kapitel 2 erörtert haben). Gesprächszonen könnten Teil eines wichtigen kulturellen Wandels sein und Menschen dabei helfen, sich miteinander auszutauschen, was möglicherweise langfristig erhebliche positive Konsequenzen haben kann.

ELTERN/FÜRSORGE: Unter dem Deckmantel »So sind Jungs nun mal« werden Jungen häufig so erzogen, dass sie glauben, sich mehr erlauben zu können als Mädchen. Es gibt eine so viel höhere Erwartungshaltung an Mädchen als an Jungen, sie sollen größere Verantwortung übernehmen, reifer sein, gut sein, sich »benehmen«. Es muss ein gleiches Maß an Erwartung und Verantwortung für Jungen herrschen, reif zu sein und zu wachsen. Wenn Eltern oder

Personen in erzieherischer Funktion Jungen schon in frühem Kindesalter erklären, wie das Patriarchat funktioniert und welche Erwartungen in diesem Sinne an Männer angelegt werden, kann es ihnen möglicherweise helfen, mit dieser Ungleichheit besser umzugehen, schon lange bevor sie alle Facetten davon selbst erfahren. So versteht der Junge, dass er an diesen Strukturen und Klischees nicht festhalten muss und dass sie keine absoluten Wahrheiten sind. Wie Frederick Douglas zu sagen pflegte: »Es ist einfacher, starke Kinder großzuziehen, als gebrochene Männer zu reparieren.«

LESEN: Es ist eines der transformativsten Werkzeuge, mit denen man sein Bewusstsein erwecken kann. Ich glaube, jeder Junge oder Mann sollte feministische Literatur und Texte lesen, die ihn über das Patriarchat und Männlichkeit sowie über die Lebenserfahrungen von Frauen aufklären, damit er sich zumindest der Ungleichheit der Geschlechter in der Gesellschaft bewusst ist. Bildungseinrichtungen sollten dies unterstützen. Wir Jungen und Männer sollten uns ermutigt fühlen, mehr Romane von Autorinnen und mit Protagonistinnen zu lesen. Oft können uns Geschichten, die sich um die Frauenwelten drehen, helfen, uns eine radikal andere Gesellschaft vorzustellen als die, in der unsere Identität als Männer die dominierende ist. Viele der Jungen, mit denen ich zusammenarbeite, interessieren sich entweder nicht fürs Lesen oder sagen, sie seien nur an Sachbüchern interessiert – hier könnten feministische Texte oder Bücher über die Ungleichheit der Geschlechter in die Lehrpläne der Schulen aufgenommen werden.

Das Lesen von Romanen und Belletristik kann aber auch dazu beitragen, die Vorstellungskraft zu erweitern und Empathie zu entwickeln, da wir uns für den Charakter und die Geschichte einer Person interessieren, die wir sonst nicht kennengelernt hätten. Das Lesen hat mich als Individuum verwandelt: als Junge, als Teenager, als Mann. Ich bin versehentlich in den turbulentesten Phasen meiner männlichen Identität auf Literatur gestoßen wie *Will To Change*, *We Real Cool*, *Der Gott der kleinen Dinge*, *Der Report der Magd*, *Die Glasglocke*, *Ich weiß, warum der gefangene Vogel singt*.

Ich glaube nicht, dass ich mich von den Zwängen der patriarchalischen Konditionierung hätte befreien können, wenn ich diese Bücher nicht gelesen hätte (und ich hätte sicherlich auch nicht darüber schreiben können). Wir sollten auch Literatur und Bücher von Männern lesen, deren Identität und Erfahrung über die stereotypen männlichen Erwartungen hinausgehen. Geschichten, die uns mehr über die persönlichen Erfahrungen von Männern erzählen und das männliche Einfühlungsvermögen normalisieren.

LIEBE: Männer brauchen Liebe. Männer brauchen Liebe von anderen Männern, nicht nur von Frauen oder den Personen, mit denen sie eine Beziehung führen. Männer brauchen intime, nicht sexuelle Liebe. Liebe, die über die Erwartungen an ihre Männlichkeit hinausgeht. Oft haben Männer nur dann das Gefühl, ihren Platz in der Welt zu haben, wenn sie das erfüllen können, was von ihnen als Mann erwartet wird. Wie wir bereits besprochen haben, kommt das Patriarchat Männern zugute, kann sie aber auch gleichermaßen zerstören. Männer brauchen Liebe, um zerstörerische Gefühle zu überwinden, und sie brauchen Liebe, damit sich ihre Leben lebenswert anfühlen. Männer müssen sich damit wohlfühlen, anderen Männern »Ich liebe dich« zu sagen. Und das, ohne dass sie »Bruder«, »Mann«, »Kumpel« oder »no homo« hinzufügen müssen, um es akzeptabler zu machen. Denn Männer, die das tun, reduzieren männliche Liebesbezeugungen auf die Sexualität. Wenn wir einander Liebe und Akzeptanz zeigen, hilft es dabei, dass wir uns in unserer eigenen Haut wohler fühlen.

Wir können die akuten Probleme nur lösen, wenn wir mit ihnen konfrontiert werden und sie dann entsprechend angehen; dazu müssen wir lernen, unsere toxischen Verhaltensweisen loszulassen, und miteinander über diese Probleme reden. Aber diese Aufklärung und die darauf folgenden Vorgehensweisen erfordern Kühnheit, Verwegenheit, Mut. Es reicht nicht, sich dessen bewusst zu sein, wir müssen auch etwas tun. Es erfordert, dass wir uns den Widrigkeiten stellen und uns trauen, unpopuläre Dinge zu sagen, Dinge, die dazu führen, dass wir einige Privilegien verlieren. Wir Männer müssen es wagen, auch Meinungen zu vertreten, die uns isolieren oder ausschließen könnten, und es in dem vollen Glauben tun, dass wir unser Wissen nutzen, um uns selbst, unsere Lieben, unsere Gesellschaft und Gemeinschaft und am Ende die ganze Menschheit voranzubringen.

Egal ob wir samstags im Barbershop im Wartebereich sitzen und hören, wie jemand (der so tut, als wäre es lustig gemeint) einen homophoben oder sexistischen Kommentar fallen lässt, oder wenn wir in der Umkleidekabine beim Sport oder beim Mittagessen im Park oder im Club sehen, wie unser Kumpel nach einer Frau greift oder sie unangemessen berührt, sollten wir den Mut haben, etwas zu sagen!

Gleichzeitig gilt aber auch, dass wir den Mut haben sollten, uns fortzubilden, wenn wir oder andere Fehler machen, dass wir Empathie haben und da sind für diejenigen, die uns brauchen – und auch für uns selbst. Männlichkeit ist fluide und ständig im Wandel. Das System des Patriarchats ist nicht permanent. Es wurde wie alle Systeme der Unterdrückung von Menschen geschaffen, genau deswegen kann es von Leuten auch wieder umgestoßen und verändert werden. Die Welt wird von denjenigen verändert, die eine Vision von einem besseren Leben haben, von denjenigen, die erfüllen, statt zu zerstören, die unterstützen statt unterdrücken, die uns mit Freude und Hoffnung erfüllen anstatt mit Trauer und Wut. Die Maske, die Männer schon seit Jahrzehnten, sogar Jahrhunderten tragen, muss komplett abgenommen werden, damit wir die wahren Gesichter dahinter erkennen können. Sobald wir uns von dieser Maske befreien, werden wir sehen, dass sich darunter das Abbild unseres wahren Ichs verbirgt, ganz egal, wie wir unser Ich gestalten wollen. Erst wenn wir keine stereotypen Männer mehr sein müssen, können wir sein, wer wir möchten.

EDITORISCHE NOTIZ

Der Autor verwendet auch im Original den Begriff Schwarz (Black) als Selbst-
bezeichnung, das »S« wird daher auch in der deutschsprachigen Ausgabe groß-
geschrieben.

Der Begriff Race wird deshalb verwendet, da er im Diskurs weniger vor-
belastet ist.

WEITERFÜHRENDE INFORMATIONEN

ORGANISATIONEN IM DEUTSCHSPRACHIGEN RAUM:

ADEFRA e.V. – Schwarze Frauen in Deutschland

Aktivistin CH: Feministisches Kollektiv der Schweiz

Amadeu Antonio Stiftung: gegen Rassismus, Rechtsextremismus und Antisemitismus

Bff: Frauen gegen Gewalt e.V.: Frauenberatungsstellen und Frauennotrufe

Dickstinction: Hilft bei der Strafverfolgung von Dick Pics

Divers: Online-Magazin für Jugendliche

Each one teach one (EOTO): Community-basiertes Bildungs- und Empowerment-Projekt in Berlin zur Rassismusprävention und zum Empowerment Schwarzer Menschen

Enough is Enough: Netzwerk für LGBTQ*

Femrep: Hamburger Verein zur solidarischen Vernetzung von Frauen/FLTIs (FrauenLesbenTransIntersex*)

Gender Equality Media e.V.: Verein gegen sexistische Berichterstattung in den Medien

Gewalt an Männern: Hilfetelefon für Männer, die Opfer von Gewalt geworden sind

Isd Bund e.V.: Initiative Schwarze Menschen in Deutschland für Migrationsgerechtigkeit

Kanackische Welle: Podcast über Identität, Race und Männlichkeit im Einwanderungsland Deutschland

KOA – Kollektiv Afrodeutscher Frauen

Komplizierte Frauen: Netzwerk zum Austausch über Geschlechtergerechtigkeit in der Schweiz

Migrationsrat Berlin e.V.: Dachverband für 70 Selbstorganisationen mit dem gemeinsamen Ziel der Gleichstellung und Teilhabe für Migrant*innen, ihre Nachfahren und andere BiPoC

Neue deutsche Organisationen: Netzwerk postmigrantischer Initiativen, die sich gegen Rassismus engagieren

NotanObject: Verein, der sich mit sexualisierter Gewalt, Feminismus und queeren Themen befasst zum Empowerment der Betroffenen

Pink Stinks Germany: Protest und Bildung gegen enge Geschlechterrollen

RosaMag: Online-Magazin für Schwarze Frauen* und Freund*innen in Deutschland, Österreich und der Schweiz

Tupodcast – Gespräche unter Schwestern* – Ein Podcast von Anti-Rassismus-Expertin Tupoka Ogette über die Lebensrealitäten Schwarzer Frauen

Wer braucht Feminismus?: Kampagne für die Entwicklung einer eigenen Vorstellung von Feminismus

Workin' Germany: Format vom BR Zündfunk zu Intersektionalität, Empowerment und Diversität

BÜCHER (LEIDER BISHER NICHT INS DEUTSCHE ÜBERTRAGEN)

bell hooks: *We Real Cool – Black Men and Masculinity* (Pluto Press, 2000)
bell hooks: *Feminism is for Everybody* (Pluto Press, 2005)
Derek Owusu: *SAFE: On Black British Men Reclaiming Space* (Trapeze, 2019)

ENDNOTEN

1
REAL MEN

1 Judith Butler: *Das Unbehagen der Geschlechter* (Suhrkamp, 1991)
2 Heide Goettner-Abendroth, *Matriarchal Societies: Studies on Indigenous Cultures Across the Globe* (Peter Lang Publishing, 2012), die deutsche Ausgabe ist unter dem Titel *Das Matriarchat* in drei Bänden bei Kohlhammer erschienen (1988–1992).
3 www.bbc.com/travel/story/20160916-worlds-largest-matrilineal-society (letzter Zugriff am 22.11.2018)
4 Raewyn W. Connell: *Der gemachte Mann – Konstruktion und Krise von Männlichkeiten* (Springer, 2014)

2
GANG SIGNS AND PRAYER

1 www.ons.gov.uk/peoplepopulationandcommunity/crimeandjustice/compendium/focusonviolentcrimeandsexualoffences/yearendingmarch2016/overviewofviolentcrimeandsexualoffences (letzter Zugriff am 01.12.2018)
2 Public Leaders Network: »One Woman Dead Every Three Days: Domestic Abuse In Numbers«, in: *Guardian* (2017). www.theguardian.com/public-leaders-network/2017/dec/14/domestic-abuse-violence-women-femicide-review-refuge-cuts-in-numbers (letzter Zugriff am 12.01.2018)
3 www.unodc.org/unodc/en/press/releases/2018/November/home-the-most-dangerous-place-for-women--with-majority-of-female-homicide-victims-worldwide-killed-by-partners-or-family-unodc-study-says.html (Letzter Zugriff am 01.12.2018)
4 www.ons.gov.uk/peoplepopulationandcommunity/crimeandjustice/bulletins/domesticabuseinenglandandwales/yearendingmarch2018 (letzter Zugriff am 28.02.2019)
5 www.ons.gov.uk/peoplepopulationandcommunity/crimeandjustice/bulle

tins/domesticabuseinenglandandwales/yearendingmarch2018 (letzter Zugriff am 28.02.2019)

6 https://lib.dr.iastate.edu/cgi/viewcontent.cgi?referer=https://www.google.
com/&httpsredir=1&article=11780&context=rtd (letzter Zugriff am
06.03.2019)

7 www.researchgate.net/publication/234726906_The_Relation_Between_
Toy_Gun_Play_and_Children's_Aggressive_Behavior (letzter Zugriff am
06.03.2019)

8 https://www.menshealthforum.org.uk/key-data-mental-health (letzter Zugriff am 06.03.2019)

9 https://thepsychologist.bps.org.uk/volume-21/edition-4/masculinities-and-
suicide (letzter Zugriff am 15.03.2019)

10 Vickie Cooper und David Whyte (Hrsg.): *The Violence of Austerity*, Pluto
Press 2017, S. 37

11 https://www.london.gov.uk/sites/default/files/2018_03_20_sb_londons_
lost_youth_services_2018_final.pdf (letzter Zugriff am 26.05.2020)

3
WHAT'S LOVE GOT TO DO WITH IT?

1 Anmerkung der Redaktion

2 Chelsea White: »Far too young! Chris Brown reveals he was just eight
years old when he lost his virginity as he compares himself to Prince«, in:
Daily Mail vom 05.10.2013 (https://www.dailymail.co.uk/tvshowbiz/article-
2445396/Chris-Brown-reveals-8-lost-virginity-compares-Prince.html), (letzter Zugriff am 25.04.2019)

3 www.huffingtonpost.com/elwood-d-watson/pornography-addiction-
amo_b_ (letzter Zugriff am 01.12.2018)

4 https://www.standard.co.uk/news/health/number-of-londoners-seeking-
help-for-porn-addiction-soars-a3841541.html (letzter Zugriff am 05.03.2019)

5 https://www.washingtonpost.com/news/grade-point/wp/2015/06/23/why-
many-rape-victims-dont-fight-or-yell/?noredirect=on (letzter Zugriff am
20.03.2019)

6 www.vox.com/identities/2017/11/21/16685942/sexual-harassment-industry-
service-retail (letzter Zugriff am 04.04.2019)

7 Carl Greenwood: »*Coronation Street*'s Ryan Clayton Defends Dark Rape
Storyline As Josh Tucker Sexually Assaults David Platt,« in: *Sun* (2018).
www.thesun.co.uk/tvandshowbiz/5831988/coronation-streets-ryan-clayton-

defends-dark-rape-storyline-as-josh-tucker-sexually-assaults-david-platt (letzter Zugriff am 05.12.2018)

8 Carl Greenwood: »Coronation Street's Ryan Clayton Defends Dark Storyline as Josh Tucker Sexually Assaults David Platt«, in: *Sun* (2018). www.thesun.co.uk/tvandshowbiz/5831988/coronation-streets-ryan-clayton-defends-dark-rape-storyline-as-josh-tucker-sexuell-angreift-david-platt (letzter Zugriff am 05.12.2018)

4
THIS IS A MAN'S WORLD

1 https://www.unwomen.org/en/what-we-do/leadership-and-political-participation/facts-and-figures (letzter Zugriff am 05.12.2018)

2 https://aeon.co/ideas/would-the-world-be-more-peaceful-if-there-were-more-women-leaders (letzter Zugriff am 05.12.2018)

3 Michael Kimmel: *Healing from Hate: How Young Men Get Into – And Out Of – Political Extremism* (University of California Press, 2018)

4 https://www.washingtonpost.com/outlook/how-masculinity-not-ideology-drives-violent-extremism/2018/03/20/7b223c90-1e29-11e8-b2d908e748f892c0_story/?arc404=true (letzter Zugriff am 23.03.2019)

5
IF I WERE A BOY

1 bell hooks: *Feminism is for Everybody* (Pluto Press, 2000)

2 https://www.unwomen.org/en/what-we-do/economic-empowerment/facts-and-figures (letzter Zugriff am 02.06.2020)

3 Audre Lorde: *Sister Outsider: Essays And Speeches* (Ten Speed Press, 2007)

4 www.opendemocracy.net/en/5050/young-men-should-be-furious-inside-worlds-largest-mens-rights-activism/ (letzter Zugriff am 14.03.2019)

6
SEE YOU AT THE CROSSROADS

1 Kimberlé Williams Crenshaw: *Mapping the Margins: Intersectionality, Identity Politics and Violence Against Women of Colour*, www.jstor.org/stable/1229039?seq=1#page_ scan_tab_contents (letzter Zugriff am 20.03.2019)

2 Owen Jones: *Chavs: The Demonisation of the Working Class* (Verso, 2018)

3 Diane Reay: *Miseducation: Inequality, Education and the Working Class* (Policy Press, 2017)

4 www.bbc.co.uk/news/uk-england-coventry-warwickshire-44052070 (letzter Zugriff am 05.03.2019)

5 www.tuc.org.uk/sites/default/files/Insecure%20work%20and%20ethnicity_0. pdf (letzter Zugriff am 20.03.2019)

6 www.ussc.gov/research/research-reports/demographic-differences-sentencing (letzter Zugriff am 20.03.2019)

7 www.ethnicity-facts-figures.service.gov.uk/crime-justice-and-the-law/policing/stop-and-search/latest (letzter Zugriff am 20.03.2019)

8 www.telegraph.co.uk/travel/maps-and-graphics/mapped-the-countries-that-smoke-the-most-cannabis (letzter Zugriff am 07.03.2019)

9 www.pewresearch.org/fact-tank/2013/06/25/how-lgbt-adults-see-society-and-how-the-public-sees-them (letzter Zugriff am 20.01.2019)

10 www.theguardian.com/commentisfree/2014/mar/08/african-homosexuality-colonial-import-myth (letzter Zugriff am 20.01.2019)

11 Walter Williams: *Two-Spirit People: Native American Gender Identity, Sexuality, and Spirituality* (University of Illinois Press, 1997)

12 Kiatezua Lubanzadio Luyaluka: *La Religion Kongo: Ses Origines Egyptiennes et sa Convergence vers le Christianisme* (Editions L'Harmattan, 2000)

13 https://transrespect.org/en/tmm-update-trans-day-of-remembrance-2018/ (letzter Zugriff am 26.01.2019)

14 Katy Steinmez: »Laverne Cox Talks to TIME About the Transgender Movement«, in: *Time* (2014), http://time.com/132769/transgender-orange-is-the-new-black-laverne-cox-interview (letzter Zugriff am 26.01.2019)

7
IT GOES DOWN IN THE DMS

1 https://oceanfrontrecovery.com/is-social-media-having-the-same-effect-on-mens-body-image-as-it-is-on-women/ (letzter Zugriff am 05.12.2018)
2 www.menshealth.com/trending-news/a19542923/body-issues-poll-men (letzter Zugriff am 05.12.2018)
3 https://news.jrn.msu.edu/2017/12/male-body-image-pressure-increases-with-influence-from-social-media (letzter Zugriff am 05.12.2018)
4 www.elsevier.com/about/press-releases/research-and-journals/materialists-collect-facebook-friends-and-spend-more-time-on-social-media (letzter Zugriff am 05.03.2019)
5 www.ypulse.com/post/view/the-10-luxury-brands-millennials-most-want-to-own (letzter Zugriff am 05.03.2019)
6 www.newstatesman.com/2017/11/social-media-and-silencing-effect-why-misogyny-online-human-rights-issue (letzter Zugriff am 05.12.2018)
7 www.theguardian.com/technology/2016/may/25/yvette-cooper-leads-cross-party-campaign-against-online-abuse (letzter Zugriff am 05.12.2018)
8 https://torontosun.com/life/relationships/why-do-men-send-unsolicited-d-pics (letzter Zugriff am 03.05.2019)

8
SLAM DUNK DA FUNK

1 www.slamonline.com/archives/demar-derozan-addresses-depression-tweet (letzter Zugriff am 05.12.2018)
2 https://theconversation.com/masculinity-and-violence-the-men-who-play-rugby-league-14111 (letzter Zugriff am 05.12.2018)
3 http://theconversation.com/whether-teams-win-or-lose-sporting-events-lead-to-spikes-in-violence-against-women-and-children-99686 (letzter Zugriff am 05.03.2019)
4 David Whelan, *Vice Sports*, https://sports.vice.com/en_uk/article/pg5njm/does- tennis-have-a-race-problem (letzter Zugriff am 09.03.2019)
5 Geraint Hughes, *Sky Data Poll*. https://news.sky.com/story/sky-data-poll-90-of-football-fans-have-witnessed-racism-at-a-game-11631891 (letzter Zugriff am 19.03.2019)
6 www.equality-network.org/our-work/policyandcampaign/out-for-sport/the-facts (letzter Zugriff am 19.03.2019)

7 www.stonewall.org.uk/news/stonewall-reveals-brits-find-it-hard-challenge-anti-lgbt-abuse-sport (letzter Zugriff am 19.03.2019)

FAZIT
MAN IN THE MIRROR

1 Mir ist auch klar, dass ich den größten Teil dieses Buches damit verbracht habe, von der Männlichkeit und nicht von den Männlichkeiten zu sprechen. Der Grund dafür ist, dass es für viele Lesende eine Einführung, eine Art Ausgangspunkt für das Gespräch über Gender ist. Es ist wichtig, sie dort abzuholen, wo sie stehen – von da aus können wir das Gespräch dann weiterführen.